イスラームから見た西洋哲学

中田 考
Nakata Ko

JN018602

河出新書
072

はじめに

日本で習う哲学史・思想史にはイスラーム世界がほとんど登場しません。義務教育では預言者ムハンマドについて触れる程度ですし、高校の倫理の授業でも六信五行を記憶させられる程度です。世界史ではイブン・スィーナーやガザーリーが登場するものの、その思想内容に深入りすることはありません。

逆に西洋哲学についてはどうでしょうか。中学の公民からルソー、ロック、モンテスキューのさわりは扱いますし、デカルトの「我思う、ゆえに我あり」は多くの日本人の知るところでしょう。『超訳　ニーチェの言葉』（白取春彦編訳、ディスカヴァー・トゥエンティワン、二〇一〇年）はベストセラーになりましたし、「ソクラテス・メソッド」は教育法の一つとして確立されてさえいます。そのような環境の中で、自分の人生の課題に近しい問題意識を持った哲学者を見つけたり、あるいはそれを専門的に勉強したりする機会もあるでしょう。

「宣教未到達の地」という概念があります。イスラームの宣教が届いていない「不信仰の地」において、民が救済される条件は何かという話です。もちろん、インターネットが普及し、クルアーン（コーラン）をはじめとする啓典に簡単にアクセスできる現代にあっては、宣教未到達の地はないのではないかという議論もあります。しかし、実際にはほとんどイスラームの教えに触れる機会はありませんし、イスラーム哲学に触れることもないのが現実ではないでしょうか。

イスラーム世界にも多くの哲学者が現れ、多くの思想が誕生してきました。しかし、最初の入り口がないがために、自分の問題意識に近い哲学者がいてもそれと出会うことなく人生を終えてしまっている日本人が多いかもしれません。それはもったいないし残念なことです。

本書は、イスラーム哲学の概観をご紹介するとともに、西洋哲学をイスラームの視点から見ることで、複合的に哲学史を理解することができるように執筆しました。本書をきっかけにして、なんらかの良い哲学や思想との出会いがあれば、これに勝る喜びはありません。

目次

か？／スンナ派の統治契約論と社会契約論の決定的な違い／イスラームには「義務」はあるが「権利」はない／「生きるため」なら「盗み」も「義務」になるイスラーム法／「移動の自由」を奪う国境は自然権の侵害／啓蒙主義は西洋キリスト教文明優位の自文化中心主義／啓蒙主義の「平等」は理性を持った西洋人のみのもの／奴隷、異教徒、西洋列強の三分法／西洋の「普遍的人権」は「領域国民国家システム」の押しつけ

第二章　イスラームと近世哲学

デカルトの心身二元論は後期イスラーム神学と一致／心身二元論にはないイスラームの「倫理性」／懐疑論の文脈から出てきた「我思う、ゆえに我あり」／アラビア語にはなぜ西洋の「無神論」的概念が存在しないのか／「神がいるかいないか」ではなく「何を神とするのか」／イスラームが背教罪の適用を嫌うのはなぜか／預言者への啓示を否定して批判されたペルシャ人哲学者／背教者の嫌疑をかけられた『ルバイヤート』のオマル・ハイヤーム／「イスラームの無神論」を体現した詩／イスラームで無神論が流行らない理由／聖書を合理的に捉えたスピノザ／スピノザの汎神論はアブラハム的一神教の変奏／スピノザの神には人格性がない／汎神論はイスラームにとっては無意味／中世のユダヤ＝イスラ

ム法による搾取禁止はマルクス主義と通ずる／資本主義もマルクス主義も批判したシーア派高位法学者／あらゆる宗教や価値観を崩壊させるニヒリズム／イスラームがニヒリズムの流れを堰き止める／キリスト教はパウロ教だと指摘したニーチェ／「イエスはユダヤ人ではない」という隠れ教義／『アンチ・キリスト』でニーチェが指摘したキリスト教の弱者理論／イスラーム理解へのカギとなる、ニーチェによる「力と責任」の概念／ニヒル（虚無）に飲み込まれずに生きるための哲学／フロイトの「無意識」は革新的アイデアだった／セックスへの欲望が昇華し、文化が生まれる／人間が多形倒錯的である前提での定型発達論／同性性交をした人はイスラーム法で裁かれるのか？／照明学派サドラーによる存在と本質の議論／イスラーム哲学で特に存在論が発展したのはなぜか

第四章

イスラームと現代哲学

神学的に重要なヴィトゲンシュタイン「論理実証主義」／「すべてのたこ焼きにはたこが入っている」という全称命題は証明できるのか／近代科学はアラビア科学とギリシャ科学の結合／実証主義の大前提を崩壊させた「観察の理論負荷性」テーゼ／ポスト実証主義における科学に対する「実証性」の再検討／言葉の使用をひたすら観察した後期ヴィトゲン

第一章

ソクラテス、プラトン、アリストテレスとイスラーム哲学

西洋哲学に多大な影響を与えたイスラーム哲学

読者の皆さんが哲学と聞いてまず思い浮かべるのは、ソクラテス（前四七〇年頃―前三九九年）、デカルト（一五九六年―一六五〇年）、カント（一七二四年―一八〇四年）、ニーチェ（一八四四年―一九〇〇年）、ヴィトゲンシュタイン（一八八九年―一九五一年）といった西洋の哲学者で、イスラーム教徒で知っている名前は預言者ムハンマドだけ、という方も多いのではないでしょうか。しかし、実のところ、イスラーム世界にも多くの哲学者がいるばかりか、西洋の哲学にも多大な影響を与えているのです。そこでまず第一章ではイスラームがどのようにギリシャ哲学を受容したのかを紹介します。しかし、そもそも「哲学」とはなんなのでしょう。

最初の哲学者としてソクラテスをあげることがありますが、釈迦《しやか》（前五六五年頃？―前四八五年頃？）や孔子（前五五二年または前五五一年―前四七九年）などはソクラテスよりも生年が早く、彼らを哲学者に数えるのであれば、ソクラテスを「哲学の祖」とする理由は何もありません。これは何をもって「哲学」と呼ぶのかという問題であり、〈哲学は理性「ロゴス（λόγος）」をもってする〉という考え方をするなら、ロゴスがギリシャ語である以上、哲学はギリシャからしか始まらないという話になります。その意味では、確かに哲学の始まりはギリシャ哲学なのです。

少し煙《けむ》に巻くような物言いですが、言語に注目すればそうなります。言語はその話者の世界観を形成するという「サピア゠ウォーフの仮説(1)」によれば、この世に普遍的真理などなく、世界認識はその使用言語による……という話にも繋《つな》がってきます。それについては第四章で詳述します。

哲学が「ロゴスをもってする」活動であるとして、ロゴスをもっていったい何をするのでしょうか。ロゴスが「万物の起源を追求する」時、哲学が生まれます。しかしその意味ではソクラテスは多くを語っておらず、むしろ万物の起源は原子であるとしたデモクリトス(2)や水であるとしたタレス(3)などの唯物論的なイオニア学派(4)が多くを語っています。プラトン（前四二七年―前三四七年）以降のギリシャ哲学は感覚で知りうるこの世界を超えたもの、

(1) サピア゠ウォーフの仮説　言語相対性仮説。ある言語を母語とする人の思考は、その言語の影響を受けるという考え。言語学者エドワード・サピアとベンジャミン・ウォーフの研究内容から両者の名前をとってこう呼ばれている。

(2) デモクリトス（前四六〇年頃―前三七〇年頃）。古代ギリシャの哲学者。レウキッポスの弟子。レウキッポスの原子論を発展させた。原子論者の代表的存在。

(3) タレス（前六二四年頃―前五四六年頃）。古代ギリシャの哲学者。ミレトス学派の創始者。万物の元は水だと考えた。

「真善美」のイデアを追求する形而上学的なものになっていきます。その意味での西洋哲学を大成したのはカントと言うことができます。

そしてイスラーム世界に流入した哲学とは、このギリシャ哲学です。アラビア語では「哲学」のことを「ファルサファ」と呼びます。「ファルサファ」とはギリシャ語の「フィロソフィア」の音写ですが、アッバース朝時代[6]にギリシャの学問がアラビア語に翻訳されて以来、アラビア語の語彙として定着しています。イブン・マンズール（一二三三年—一三一一年）による古典アラビア語辞書『アラブの言葉』も「ファルサファ」とは「英知（ヒクマ）」を意味する、と記しています。

現代アラビア語の「ファルサファ」は英語の「フィロソフィー」、日本語の「哲学」とほぼ同じように用いられます。実は筆者はカイロ大学文学部哲学（ファルサファ）科から、ソルボンヌ大学で現象学を学んだ現代イスラーム哲学の権威ハサン・ハナフィー（一九三五年—二〇二一年）の指導の下でPh.D.（Doctor of Philosophy）「哲学博士」の学位を取得した「正真正銘」の哲学徒です。

筆者が在籍した当時のカイロ大学哲学科では、学科長アミーラ・マタル先生はギリシャ哲学の専門家でしたが、エジプト・スーフィー教団連合総帥タフタザーニー教授がイスラーム哲学を講じており、院生の中には中国哲学を専攻している者もいました。筆者の博士論文のテーマ「イブン・タイミーヤの政治哲学」の「哲学（ファルサファ）」もこの現代アラビア語の用法です。しかしアラブ世界が西洋に植民地化され、西洋の大学制度が導入される以前は、アラブ・イスラーム文明における「ファルサファ」は普遍的な真理探究の知的営為を指す一つの学問分野とはみなされず、あくまでも外来の学問、というよりもアリストテレス（前三八四年―前三二二年）の思想体系というむしろ「固有名詞的」な特殊な世界観を指していました。

（4）イオニア学派　紀元前六世紀頃、小アジア西海岸中部のイオニア地方で興ったギリシャ最古の哲学学派。自然を問題とする自然哲学が主。タレス、アナクシマンドロス、アナクシメネス、ヘラクレイトスなどが属する。

（5）イデア　ギリシャ語で姿、形、知られたもの、見られたものを意味する。プラトン哲学において、時空を超えた非物体的で永遠の実在、「真実在」を指す。

（6）アッバース朝　七五〇年から一二五八年まで続いた初期イスラム王朝。ウマイヤ朝を倒し、北アフリカから中央アジアまで支配した。イスラームの原理を浸透させ、異民族の改宗者も多く発生し「イスラーム帝国」を実現させた。

プラトン・アリストテレス哲学と一神教の親和性

アリストテレスはソクラテスの弟子のプラトンの弟子です。イスラーム世界では定冠詞付きでただ「哲学者」と言えばアリストテレスを指すのですが、「ファルサファ」とはネオプラトニズム[7]（新プラトン主義）化されたアリストテレス哲学でした。

「ネオプラトニズム」とはなんでしょうか。

まず、プラトンのイデア論について説明します。たとえば、「人間とは何か？」と問いますと、動物であるとか、生物であるとか、有機物であるとか、そういった説明ができます。しかし同じ動物だといっても、人間とネコはだいぶ違いますし、ミミズだとあまり友達になれる気がしません。同じ動物でも、ネコでもミミズでもなく人間を人間にする特別なものが人間にはあるとプラトンは考えます。その「人間」を「人間たらしめるもの」、それが人間のイデアです。実際に存在する人間はさまざまです。男だったり女だったり、背が高かったり低かったり、色が白かったり黒かったり、いろいろです。プラトンの考えでは人間の本質は人間のイデアであって、それ以外の性質はどうでもいい、いわばノイズのようなものです。

人間にはいろいろな性質がありますが、抽象度を高くすればするほど、その概念が含有するものは多くなってくる。そして、一番抽象度が高く、すべての個物を含有する概念があります。それは、「存在する」ということです。存在するという概念は、存在するすべての個物を包摂します。そして、その一つの「存在」が、すべての個物が生ずる根拠であることになります。プラトンにあっては、存在は真であり善であり美である、それこそが最高の善のイデアとされます。

プラトンにおいてはイデアは理性によって知られる真の実在の世界であって、感覚によって知られる物質の世界とは別の世界と考えられています。簡単にまとめると以上のようになりますが、実はプラトンのイデアの概念は著作によって揺れており曖昧な点が多く、さまざまな解釈が生まれます。弟子のアリストテレスは、プラトンを批判的に継承し、イデアを物質とは別の実在ではなく、物質に内在するものと考えました。

プラトンのイデア論に基づき、万物が一者から流出したと唱えたローマの哲学者プロテ

（7）　ネオプラトニズム　三世紀、アレクサンドリアで実質的にプロティノスによって始められた。プラトンの「イデア論」を継承し、すべての実在は、万物の根源である「一者」から流出したものであると説いた。ギリシャ哲学の主要な思想および東方の宗教思想を統合した。ユスティニアヌス帝により異教とみなされ、五二九年アテネのアカデメイアを閉鎖させられた。しかし、キリスト教思想にも影響を及ぼし、中世の哲学、神学の発展に大きく寄与した。

イノス[8]を祖とする流出論的世界観が、ネオプラトニズムです。

アリストテレスは、生成消滅するこの世界の原因として、すべてを包摂し、いかなる具象性もなく、永遠不変で完全で自己観照のみをする存在を措定しました。アリストテレスの自然学においては、理性的存在である人間が、このすべての存在の原因となる唯一の「不動の動者」の存在を認識することが目標となります。このように整理するとプラトン・アリストテレスの哲学が、実は唯一神教と極めて親和性が高い論理構成を持っていることがわかると思います。

このプラトンとアリストテレスの哲学を知ったイスラームの哲学者たちは、世界のすべての存在者の究極の原因である永遠不変の唯一のこの不動の動者こそがアッラーであると考えました。イスラーム哲学者たちは世界の存在理由であるところの神を理性によって知る哲学こそが真のイスラームであると考えたのです。

ギリシャ哲学はイスラームから西洋に逆輸入されていた

新約聖書のパウロ[9]の手紙に「ユダヤ人はしるしを求め、ギリシャ人は知恵を探しますが、わたしたちは、十字架につけられたキリストを宣《の》べ伝えます。キリストは、ユダヤ人にはつまずき、異邦人には愚かです」（『コリント前書』一章二二―二三節）とあるように、キリスト教はもともとギリシャ哲学に敵対的でした。西洋キリスト教世界における重要な哲学者の登場はトマス・アクィナス（一二二五年頃―一二七四年）を待つといえます。

二〇世紀の哲学者であるホワイトヘッド[10]の「西洋のすべての哲学はプラトン哲学への脚注に過ぎない」という言葉はあまりにも有名ですが、トマス・アクィナスに至る一五〇〇年以上の間、プラトンはどのように世界で継承されていったのでしょうか。その鍵はイスラーム世界にあります。

ローマ帝国は三九五年のテオドシウス一世[11]の死後、西と東に分裂し、以後ヨーロッパはラテン語を共通語とする西欧とギリシャ語を共通語とする東欧に分裂します。四七六年に

(8)　プロティノス（二〇五年頃―二七〇年頃）。ギリシャの哲学者、神秘思想家。ネオプラトニズムの実質的な創始者。万物は根源たる一者から出たとする流出説を主張し、スコラ哲学に多大な影響を及ぼした。

(9)　パウロ（前一〇年頃―六五年頃）。一世紀のキリスト教の使徒。ユダヤ教徒で熱心なパリサイ派の一員としてキリスト教を迫害するも、のちに回心。キリスト教の伝道に生涯を捧げた。

(10)　ホワイトヘッド（一八六一年―一九四七年）。イギリスの哲学者、数学者。バートランド・ラッセルとの共著『プリンキピア・マテマティカ』で論理主義を確立させた。その後、有機体論に基づく形而上学を体系化させた。

西ローマ帝国は滅亡しますが、八〇〇年にローマ大司教レオ三世[12]がフランク王カール[13]を皇帝に任命し復興させます（西ローマ帝国です）。一〇五四年にコンスタンチノープル総主教とローマ総主教（ローマ教皇）が相互破門（シスマ）によってカトリック教会とオーソドックス教会が分裂することで、西欧と東欧の分裂は決定的になります。

新約聖書はギリシャ語で書かれていますが、実はローマ帝国の西方ではテルトゥリアヌス[14]以来、ラテン教父と呼ばれるラテン語で著作する神学者たちが現れており、最大のラテン教父と言われるアウグスティヌス[15]もトマス・アクィナスもギリシャ語は読めませんでした。

西欧カトリック世界では、ギリシャの哲学は忘れられていました。西欧カトリック世界が知っていたのは、アウグスティヌスを通じてのネオプラトニズムが混入した不正確なプラトン哲学の断片だけでした。キリスト教の神学者たちのギリシャ哲学軽視の理由は、まずギリシャの宗教が多神教だったからです。多神教ということは、一神教徒から見ると異教にあたります。異教徒の哲学を自分たちの考えに取り入れることは原則としてできないので、ギリシャ哲学を受け入れるにはプラトンやアリストテレスは「本当は一神教徒だった」という議論が必要になります。

これはダンテ[16]の『神曲[17]』でもそうですし、アウグスティヌスも、トマス・アクィナスも

そうです。「本当は一神教徒だった」という議論がされたうえでも、キリスト教において

(11) テオドシウス一世（三四七年—三九五年）。古代ローマ皇帝（在位三七九年—三九五年）。ゴート人などの侵入を阻止してローマ帝国を再統一し、キリスト教を国教化した。死後、帝国は東西に分割され、二人の子どもに継承された。

(12) ローマ大司教レオ三世（?—八一六年）。ローマ教皇（在位七九五年—八一六年）。七九九年、ローマで反対派の襲撃を受けてカール一世の下に逃れた。翌八〇〇年、カール一世にローマ皇帝の冠を授けた。

(13) フランク王カール　カール大帝（七四二年—八一四年）。フランク王国の国王（在位七六八年—八一四年）および西ローマ皇帝（在位八〇〇年—八一四年）。西欧を統一し、中世ヨーロッパ形成の礎を築いた。

(14) テルトゥリアヌス（一六〇年頃—二二〇年頃）。ローマ時代のキリスト教護教家。厳格な信仰を要求し、異教とその学問、特にギリシャ哲学のグノーシス派を激しく攻撃した。

(15) アウグスティヌス（三五四年—四三〇年）。西方キリスト教会最大の教父。神の絶対的恩寵と教会の至上権とを認めたその主張は、アウグスティニズムとして中世思想に多大な影響を与えた。

(16) ダンテ（一二六五年—一三二一年）。中世イタリア最大の詩人。初恋の相手ベアトリーチェの早世が詩作の源泉となった。イタリアルネサンスの先駆者。

はイエスの存在がありますから、イエスを知らない者は天国に入れません。一神教徒であってイエスを知らない者は煉獄《れんごく》というところに入るとか、そういう議論になっているわけです。

そのような理由で、一三世紀にイスラーム哲学者イブン・スィーナー（アヴィケンナ）（九八〇年―一〇三七年）とイブン・ルシュド（アヴェロエス）（一一二六年―一一九八年）の作品のラテン語訳を通じてギリシャ哲学、特にアリストテレスの哲学の再評価がなされるまで、キリスト教世界ではギリシャ哲学はあまり真剣に議論されていませんでした。（川添信介「西欧13世紀中葉における哲学の諸概念」京都大学博士論文、二〇〇三年一一月二五日）

ギリシャ哲学とイスラーム文化はなぜ融合できたのか

では、イスラーム世界においてギリシャ哲学はどのように継承されてきたのでしょうか。

アッバース朝の盛期八世紀から九世紀にかけてシリアのキリスト教徒たちによってプラトンやアリストテレスの哲学書がアラビア語に翻訳されました。そしてこの訳業を通じてギリシャ哲学はイスラーム文化に融合しますが、その鍵を握ったのがトルコ系のアラブ人、ファーラービー（八七〇年頃―九五〇年）という哲学者です。

ファーラービーは天才的な人で、いわゆるイスラーム神学（イルム・アル＝カラーム）の完成より早く、プラトンとアリストテレスを統合して、それをイスラーム化し、イスラームとギリシャ哲学が矛盾しないことを論証しました。ただし、アラビア語への翻訳の時点で、ネオプラトニズムのプロティノスの著作の要約が『アリストテレスの神学』の題名で紹介されており、ファーラービーがプラトンとアリストテレスの哲学として理解したものはネオプラトニズムの流出説(18)の影響が強いものでした。

ファーラービーは『有徳都市』という書籍で、哲学者が劣った人間たちを支配するという世界観を承認し、一番上に善で完全な神がいて、そこからどんどん劣化して我々の世界が一番混沌《こんとん》としていてレベルが低いものになるという考え方を示しました。これがイスラームの世界観の中心になっていきます。宇宙と人間社会と個人などが全部パラレルになっていて、同形な存在であり、人間も頭があってそれが体を支配するという、そういう世界

(17)　『神曲』　ダンテの代表作。「地獄編」「煉獄編」「天国編」の三部構成。ダンテ自身が登場し、地獄をはじめとする三界を彷徨い、最後はベアトリーチェに導かれ、天国へと入る。作者の人生観における集大成的作品。

(18)　流出説　不可知の最高存在である神から段階的にさまざまな万物が流出し、最後に悪や不完全なものに到達するという形而上学説。ネオプラトニズムのほか、グノーシス派の宇宙論などにもみられる。

観ができあがったわけです。そしてイスラームの預言者もまた社会を導く有徳の哲学者である、という考えが生まれます。預言者と哲学者は本質的には同格であるという考えですね。イスラームには子なる神も三位一体もないので、そのような議論が生まれやすかったといえるでしょう。

しかしイスラーム哲学界で「第一の師アリストテレス」に次ぐ「第二の師」と呼ばれるファーラービーですが、西洋世界ではあまり知名度は高くありませんでした。

西方イスラーム世界で哲学が「異端」となった理由

そのファーラービーの哲学を継承して発展させたのがペルシャ人の大学者、イブン・スィーナーです。ラテン語ではアヴィケンナと呼ばれます。自力でアリストテレスの『形而上学』を四〇回読んだものの理解に至らず、ファーラービーの注釈書を読んでようやく理解に至ったとのエピソードがあります。

イブン・スィーナーの哲学的な主張は多岐にわたりますが、一例をあげると「世界は永遠である」というものがあります。

一方、一神教の考えでは世界は神が「えいや」と作るもの、「光あれ」と言えばでき、「光なし」と言えばなくなるものですから、一神教の教えに反するのではないかという反論を加えたのが同じくペルシャ人の神学者ガザーリー（一〇五八年―一一一一年）です。ガザーリーは、イスラーム哲学は教義に反するものであることを理論的に明らかにするため、『哲学者の矛盾』を著しイブン・スィーナーら哲学者の見解に批判を加えましたが、反論する前にまず哲学者が何を言っているのかをまとめた本『哲学者の意図』を書きました。ところが西洋では『哲学者の矛盾』ではなく『哲学者の意図』が翻訳紹介されたため、ガザーリーは西洋では勘違いされて、「哲学者・アルガゼル（ガザーリーのラテン語名）」として広く知られるようになりました。しかし西方イスラーム世界ではガザーリーの批判によって、哲学は異端とされ、哲学書は読まれることもなくなります。

トマス・アクィナス『神学大全』に影響を与えたイブン・ルシュド

イブン・ルシュドは、スペイン生まれのイスラーム学者で、アヴェロエスとも呼ばれます。イブン・ルシュドはアリストテレスの著作ほぼすべてに注解を書いた哲学者であり、イブン・スィーナーが混同していたプラトン、アリストテレス、そしてネオプラトニズムを腑分《ふわ》けして、理性主義的なアリストテレスの哲学の正確な理解をもたらし、その上でガザーリーの『哲学者の矛盾』に対して批判を加え、『矛盾の矛盾』を書きました。

また、イブン・ルシュドは『決定的な言葉』という小冊子では、哲学の真理と宗教の真理というのは表現方法が違うだけで、哲学者向けの理性の言葉と民衆向けの宗教の言葉で語っているのであって実は同じことを指している、と説きました。これが西洋キリスト教世界で有名になるいわゆる「二重真理説」です。一三世紀に西洋キリスト教神学に流入したギリシャ哲学は、基本的にこのイブン・ルシュドによってネオプラトニズムの流出説から純化されたアリストテレス主義です。これを「ラテン・アヴェロエス主義」と言います。

イブン・ルシュドは西洋では「ラテン・アヴェロエス主義者」を生みキリスト教神学に大きな影響を与えましたが、西方イスラーム世界ではガザーリーの哲学批判以降、哲学書は読まれなくなるのでイブン・ルシュドも長く忘れられます。一方、イラン・シーア派世界では哲学は発展させられますが、それはイブン・ルシュドではなく、ファーラービー、イブン・スィーナーの流れであり、「第三の師」と称されるミール・ダーマード[19]とその弟子モッラー・サドラー[20]によって完成されます（松本耿郎《あきろう》「中世のプラトニズム―イスラーム思想と新プラトン思想」『中世思想研究』第五五号、二〇一三年九月、八五頁―九五頁）。余談ですが、ネオプラトニズムの流出論はスンナ派イスラーム世界では神学においては異端として否定されますが、スーフィズム[21]の中で独自の展開を遂げ前近代のイスラームの宇宙観の主流になっていきます。

イブン・ルシュドがトマス・アクィナスに似ていると思った方も多いのではないでしょ

うか。しかし、トマス・アクィナスは一二二五年頃の生まれですから、イブン・ルシュドはトマス・アクィナスに先立って「決定的な言葉」を述べているということになります。『神学大全』という本の中に「注釈者」という語が頻出しますが、この「注釈者」とはアリストテレスの哲学体系を注釈したイブン・ルシュドを指しています。批判的に取り上げているのですが、トマス・アクィナスの『神学大全』にも大きく影響を与えたことは疑いがないわけです。

このように、西洋キリスト教世界ではトマス・アクィナスまでの哲学の空白の時間と知

(19) ミール・ダーマード(?—一六三一年)。イスラーム教シーア派十二イマーム派の神学者、哲学者。スフラワルディーの照明哲学をもとにイブン・スィーナーの思想を解釈した。十二イマーム派神学を単なる護教神学からスコラ哲学へと変化させた人物の一人。

(20) モッラー・サドラー(一五七一年—一六四〇年)。十二イマーム派の神学者、哲学者。十二イマーム派の神学とイブン・アラビーのワフダ・アルウジュード(存在一性論)、スフラワルディーの照明哲学、そしてイスラーム神秘主義とを総合させたペルシャ・イスラーム思想の完成者。

(21) スーフィズム イスラームの神秘主義、修行道。一二世紀頃にはカーディリーヤ教団、ナクシュバンディーヤ教団、シャーズィリーヤ教団などの大スーフィー教団が成立する。

的営為は、イスラーム世界の哲学者によって埋められていたわけです。

ルネサンスに繋がったイブン・ルシュドの「二重真理説」

イブン・ルシュド以降は、いわゆる「イスラーム哲学」は衰退していくことになります。これは複合的な要因があるので、詳しい説明は後に譲るとして、これ以降は西洋哲学の進展をおおよそ時代順に追っていきながら、イスラームを専門とする筆者がそれぞれの哲学の流れに意見を付しつつ、類似するイスラーム哲学者の見解があれば示していくという形で話を進めていきたいと思います。

近代哲学の祖としてまずあげられるのは「我思う、ゆえに我あり」で知られるデカルトですが、本書では構成上、はじめに政治哲学を取り上げます。

そもそも、政治哲学は「哲学」なのでしょうか。政治学というと、現実の政治の客観的な研究になりますが、政治哲学はもう少し原理的になりますから、政治学と政治哲学は学問として全然違うものです。政治哲学自体は、プラトンは『国家』、アリストテレスは『政治学』のような現代なら政治哲学に分類されるような大著を残していますので、哲学史的に見ると、哲学の中でも重要な領域です。どういう意味合いで重要なのかといえば、それが「善とは何か、悪とは何か」「社会はどうあるべきなのか、その根拠は何か」ということを問うものだからです。

アリストテレスの哲学がイスラーム経由で入ってくるまで、西洋の中で哲学と呼べるものは基本的にはアウグスティヌスの神学でした。そもそもキリスト教以外の宗教がすべて邪教として殲滅《せんめつ》されて、キリスト教しか残っていなかったからです。西洋の哲学＝アウグスティヌスの神学だったのです。それまでは、哲学というか、学問自体が疑われていたのです。学問というのはそもそもキリスト教の信仰と教義的に矛盾しないのか、という次元です。

そこにアラブ・イスラーム世界からプラトンやアリストテレスの哲学がアラビア語からラテン語への重訳を通して入ってきます。それから哲学の真理とは別に信仰の真理が存在する、そしてそれが一致するという考え、イブン・ルシュドの「二重真理説」が紹介されます。キリスト教の信仰とギリシャ哲学の理性の調和の新しい方法が見出《みいだ》されたことで、アリストテレスのオリジナルなテキストが発見されます。それがギリシャ・ローマの古典古代の文芸の復興、ルネサンスに繋がっていくわけです。

アリストテレス主義から生まれた近代哲学

アリストテレスの宗教的評価ですが、確かに彼もギリシャの多神教的な世界を生きてはいました。しかし多神教はあくまでも民衆向けの神話であって、哲学者たちは世界には究極の真実というものがあり、究極の真実は多神教の神話ではなく、哲学によって知られると考えていました。プラトンであれば究極の実在は善のイデアで片づきますが、アリストテレスになるともう少し、それ自体は不変であるが、他のすべてのものを動かす唯一の「不動の動者」になります。それが神であり、哲学的にはそれは感覚によっては知りえない純粋な理性的存在である、という流れになるわけで、一神教に近い考え方です。

アリストテレス自体が神という言葉を使っており、神が一つであるという言い方をしているので、それが発見されて、世界観が広まっていくわけです。それを「アリストテレス主義」と呼んでおきましょう。そうすると、研究も広くなります。学問というものがなかったところに、ギリシャ語を勉強して学問を学ぶという動きが出てきます。神学と別の学問というものが成立し、文学というものも生まれてきます。そのなかで、キリスト教の価値が問い直され、宗教改革が起きます。

宗教改革のほうは、カトリックがおかしい、というキリスト教の教義の内部での対立になるので、この本の主題にはなりませんが、キリスト教自体がおかしい、という議論に発展していくのが、政治哲学です。まずルネサンスがあって、宗教改革があって、世俗主義が出てきます。その中から、近代哲学が出てくるのです。その意味で言うと近代哲学はアリストテレス主義から生まれたのです。アリストテレス主義と聖書、ギリシャ的なものとヘブライ的なものが対立すると考えられていたのが、ルネサンス以降、ギリシャの自然学の影響が強まったので、徐々に宗教と世俗の対立のほうが表に出るようになっていきます。

イスラームは政教一致ではない

カトリックは、最初から宗教と政治が結びついています。イスラームは預言者ムハンマドの直弟子たちの時代、ウマイヤ朝期[22]から政治と宗教が分離し、ある意味で政治の世俗化が早くから進んでいます。一般にはイスラームが政教一致であるように言われていますが、実は違います。ただしイスラームでは、政治と宗教の分離の仕方がキリスト教とはまったく違うので、キリスト教西洋型の政教分離が政教分離の唯一の在り方だという先入観に囚《とら》われている人たちにはその事実が見えないのです。

(22)　ウマイヤ朝　六六一年から七五〇年まで続いた最初のカリフ・イスラーム王朝。ウマイヤ家出身のムアーウィヤ一世が、ダマスカスを首都として設立した。一四代続くも、アッバース朝に倒された。

西洋の政教分離は官僚組織同士の戦い

キリスト教の場合、そもそも宗教とは、教会を信じ、教会に属することなのです。なぜそんなことになるかというと、教会に聖霊が宿っている、教会自体が神の身体だからです。しかし教会とは世界最古かつ、最大の官僚機構であり、西洋における政教分離とは、神聖ローマ帝国と西洋諸国における国家と教会という二つの組織の間の権力闘争でした。世俗化＝ライシテ（フランス語）とは何よりもまず教会財産の没収のことなのです。

世俗化が進む前に、西洋キリスト教ではまず聖職叙任権闘争が起きています。皇帝権と教皇権の対立があって、ローマ教皇グレゴリウス七世[23]がドイツ国王ハインリッヒ四世[24]を破門して屈服させた「カノッサの屈辱[25]」（一〇七七年）事件が有名です。その後、フランスでの叙任権闘争で教皇のアビニョン捕囚[26]（一三〇九年―一三七七年）が起きます。カトリックにとって一番重要なのは教会だから、教会の人事権を、教皇が握るのか国王が握るのか、という闘争がありました。その叙任権を国王が教皇から奪ってしまったのです。そうしてどんどん国家が教会より強くなり、教会の持っていた権力を奪っていく過程の総称がキリスト教における世俗化でした。

もともと、西洋における政教分離というのは、決して精神的なものではなく、教会と国家という二つの世俗の組織の間の戦いでした。特に（西）ローマ帝国滅亡後の西ヨーロッパは封建社会で国家権力がとても弱まったために、西洋全体に組織のネットワークを張り巡らした教会が強大な世俗権力として立ち現れたのです。

政教の分離というと、精神と肉体の分離のように思われるのですが、実際はそうではなくて、官僚組織同士の戦いだったわけで、世俗化とは、国家が教会財産を没収していき、

(23)　グレゴリウス七世（一〇二一年頃―一〇八五年）。ローマ教皇（在位一〇七三年―一〇八五年）。教皇レオ九世に信任されて六代の教皇に仕え、大きな影響力を持った。

(24)　ハインリッヒ四世（一〇五〇年―一一〇六年）。ザリエル朝ドイツ国王（在位一〇五六年―一一〇五年）および神聖ローマ皇帝（在位一〇八四年―一一〇五年）。ハインリッヒ三世の子で、はじめ母アグネスが、次いでブレーメン大司教アダルベルトが摂政となり、一〇六五年から親政になった。

(25)　カノッサの屈辱　一〇七七年に起こったグレゴリウス七世とハインリッヒ四世の争い。聖職叙任権をめぐり、グレゴリウス七世から破門されたハインリッヒ四世が、北イタリアのカノッサ城に滞在中の教皇に、雪の中に三日間立ちつくして懇請し、許された。

(26)　アビニョン捕囚　一三〇九年から一三七七年まで、七代のローマ教皇が強制的に南フランスのアビニョンに移され、フランス国王の支配下に置かれた事件。ローマ教皇とフランス国王が聖職者への課税をめぐって争ったことが発端。

どんどん教会の権力を削り取っていくということを意味していました。

しかしドイツでは今でも国家が教会に代わって八〜九％の教会税を徴収しています。つまりキリスト教世界における世俗化とは、決して人々の関心が神から人へと移る、という抽象的な精神論ではないのです。教育、婚姻、裁判といった権力がどんどん教会から奪われていく過程なのです。そしてそれは極めて特殊な、西洋社会の歴史のあり方に由来しているのです。そういう意味では、もともとイスラームには教会組織のようなものがないので、西洋のような世俗化は起こりようがなかったのです。

複雑怪奇な西洋キリスト教世界の法体制

日本人にはあまり知られていませんが、キリスト教にも教会法（カノン法）というものがあります。教会には法の制定権がある、あるいは解釈権がある、と言われることがあります。しかしキリスト教の場合、もともと法はありませんでした。ヘブライ語聖書（旧約聖書）には律法があるのですが、キリスト教徒は守りません。たとえば、豚を食べてはいけないとか、安息日には働いてはならないとか、割礼をせよとか、誰も守っていません。では人を殺してもいいのかというと、それはまずい。やはり法がないと世の中は回りません。

そこで教会法というものを作るのですが、これはとても恣意的なものでした。旧約聖書の中には、いろいろな掟《おきて》があり、その中で「これは有効」「これは無効」といって一部だけを教会法に取り入れたのです。もちろん、神法、自然法などの概念を発明してそれなりの合理化はするのですが、はっきり言ってその取捨選択にはなんの根拠もないのです。日本語訳も『カトリック新教会法典―羅和対訳』（日本カトリック司教協議会教会行政法制委員会訳）が一九九二年に有斐閣《ゆうひかく》から出版されていますので興味がある人は読んでみてください。

中世の西欧においては、西ローマ帝国が「蛮族」ゲルマン民族によって滅ぼされ、学問がなくなってしまったので、国家を治める法律もそれを学ぶ法学もなくなってしまいます。そこでローマ法というものを復活させるわけです。ローマ帝国の先進地域は東方のギリシャ語圏だったのですが、六世紀にユスティニアヌス法典(27)が制定されます。当時はキリスト教が国教だったので、皇帝の法として、キリスト教の法を施行すると。当然、国家として

(27)　ユスティニアヌス法典　ローマ皇帝ユスティニアヌス一世が編纂を命じ、五三四年一一月一六日の勅令で公布し、一二月二九日から施行された勅令集。『ローマ法大全』の一部。ハドリアヌス帝の勅令から五三四年の勅令までが収録されている。

の法があるわけですよね。法があるところには、何語であってもリーガルマインドというものが生まれるので、東ローマのほうでは法学が盛んになるのです。ところが、西ローマ帝国は滅びてしまいます。キリスト教の国家というものはなくなってしまいました。全部国が違うわけだから、法律も違ってくるわけですね。

そうすると違っている法律のすべてがキリスト教の法だ、とは言えなくなってきます。もともとのローマにあった市民法とか、ローマ人は共和政ができてから、奴隷などもいたけれど、ローマの市民権を持っている自由人の法律があったわけですね。しかしどんどん属領が増えていくにつれて、属領の人間に市民権を与えるかどうかという問題が生じてくる。市民法、万民法という考え方ができてきたのです。それと、自然法と普遍法の概念、さらに時代が進むと啓蒙《けいもう》思想の進歩の概念などが付け加えられて、複雑怪奇な体制ができあがります。そういったものが、どういう関係を持つのか、という議論はカトリックの法理学者の間では今でもなされていることはいるのですが、欧米の法学界でも非常にマイナーで日本ではほとんど研究者もいません。

ローマ法を継受した大陸、しなかったイギリス

というわけで、教会法というものがローマ帝国時代にある程度までできあがったのです

が、西洋のカトリックの世界は、西ローマ帝国が潰れてゲルマン人の国家ができてしまったので、教会法は教会法として、教会が施行することになりました。教会には教会税という財源があり、権威もありましたが、武装組織ではないので、死刑などを自分で施行することはできません。一番の武器は、破門でした。破門は死刑ではないのですが、教会から破門されると、死後に天国に入れなくなるだけでなく、この世でも背教者になるので生きる権利を奪われ、その人間を殺しても構わない、ということになります。

基本的には中世の西洋は、ゲルマン社会なので、ゲルマン民族の慣習法が行われていました。教会の教区内では教会裁判所というものが設けられ、結婚などは教会裁判所の中で行われていました。一方、西洋でも国家が発展するにつれて、世俗の法も少しずつ整理されてくると法学もそれにつれて革新が生じました。それが「ローマ法の復活[28]」と呼ばれるものです。一一世紀の終盤にイタリアで始まり一六世紀半ば頃には西洋諸国は復活したローマ法を継受することになります。一方、ローマ法が入ってこなかったのが、イギリスで

(28)　ローマ法の復活　西ヨーロッパの形成におけるローマ法の役割については、『ローマ法とヨーロッパ』（ピーター・スタイン著、屋敷二郎監訳、関良徳・藤本幸二訳、ミネルヴァ書房、二〇〇三年）参照。

す。ですから、イギリスは全然違うのです。それゆえキリスト教世界の法はローマ法に基づく大陸法系と英米法系に大別されることになります。同じ西洋キリスト教といっても、イギリスと大陸は大きく違っているのです。

西洋哲学も同じで、大陸とイギリスとでは傾向が大きく異なります。教科書風に言うと、大陸の合理論とイギリスの経験論、その二つをカントが総合したのが西洋の近代哲学、ということになります。

法学にしても哲学にしても大陸は合理論、イギリスは経験論です。イギリス経験論とは、知識の起源の問題に関して人間の心は「白紙」のようなものであり、いっさいの知識は経験に由来すると主張する立場で、大陸合理論とはすべての確実な知識は生得的で明証的な原理に由来すると説く立場です。この二つは別であり、二つを一緒に論じるのは無理があります。デカルト、スピノザ[29]は大陸の合理論、ホッブズ、ロック[30]、ヒューム（一七一一年―一七七六年）はイギリスの経験論で、フランスのルソー[31]も大枠ではやはり合理論になります。ここまでが長い前置きです。

経験論のイギリスには憲法がない

イギリスには憲法がありません。今でもないのです。でも、憲法がないというと近代国家と言えないので、「不文憲法」がある、という言い方をしてごまかしているのです。一二一五年に発布されたマグナ・カルタ（大憲章）[32]、一六二八年の「権利の請願」[33]、一六八九

(29) ホッブズ（一五八八年―一六七九年）。イギリスの哲学者、政治思想家。自然主義・唯物論の立場に立つ。人間の自然権を重視し、「万人の万人に対する闘争」にある自然状態から社会契約（社会契約説）によって国家状態に移ると説き、絶対王政を擁護した。

(30) ロック（一六三二年―一七〇四年）。イギリスの哲学者、政治思想家。イギリス経験論の代表者。『人間悟性論』は近代認識論の基となった。政治思想面では人民主権を主張して名誉革命を代弁。アメリカの独立やフランス革命に多大な影響を与えた。

(31) ルソー（一七一二年―一七七八年）。フランスの思想家、小説家。スイス・ジュネーブ生まれ。『人間不平等起原論』『社会契約論』で人民主権説を提唱し、フランス革命に大きな影響を与えた。小説『新エロイーズ』『エミール』なども執筆した。

(32) マグナ・カルタ（大憲章）　イギリスで一二一五年六月一五日付で発布された六三か条の法。国王の徴税権の制限、法による支配などを明文化し、王権を制限、封建貴族の特権を再確認した。その後、幾度も再発布されており、イギリス憲法の一部とされる。〈大憲章〉と訳される。

(33) 権利の請願　一六二八年にイギリス議会がチャールズ一世に提出した請願書で、従来承認されていた人民の権利の確認を求めたもの。不法投獄や不法課税などに反対しており、イギリス憲政史上の重要文書の一つとされている。

年の「権利章典」[34]などが後知恵で「不文憲法」と呼ばれるようになったのです。要するに、嘘です（笑）。マグナ・カルタが発布された時点のイギリスには、国家の基本法という意味でのconstitution（憲法）という言葉も、概念もありませんでしたから。特殊な状況で生まれた特殊な法令の寄せ集めを「不文憲法」と呼ぶのはどう考えても無理なこじつけです。数学が、前提となる公理からさまざまな定理を導いていくように、法律も、憲法があって、そこから下位の法令が制定される。それが憲法のあるべき姿です。特にフランス革命の後に制定されたナポレオン法典が見本になります。不文憲法などというものが認められるなら、「我々の憲法はクルアーンだ」と言うサウジアラビアにも憲法があることになる、というか、イスラームには最初から憲法があることになります。

経験論のイギリスには成文憲法を作ろうという発想はありませんでした。法とは裁判の判例の寄せ集めでできるのが当たり前、という考え方です。その意味では、紀元前三世紀に既に韓非《かんぴ》[35]や李斯《りし》[36]など、いわゆる法家の法思想が生まれていた中国のほうが遥《はる》かに進んでいます。基本的な理念から演繹《えんえき》して合理的な法体系を作っていくというのが大陸合理論の考え方です。

命のためなら強い人間に従うのが「自然権」

ホッブズ、ロックは経験論です。原始状態、すなわち古代の記録という意味で、聖書を読んでみて、アダムが耕し、イヴが紡いだとき、その時に一体何があったのかという話から始めていく。ホッブズの議論は、大人の小集団から始められています。大人と子どもの差までなくしてしまうという話にはなりません。どんなに身体的な力が強くても、眠っている時に襲われたら死んでしまうわけで、肉体的な強弱の関係だけでは社会はできない。自分たちの生命を守るために、「万人の万人に対する闘争」では大変なので、とりあえず自分の力を強い者に委ねておくということにしました。ただし、それは自分の命を守るためであり、最終的には眠っている時に殺してしまえばいいので、命まで差し出すことには

(34)　権利章典　一六八九年、イギリス国王ウイリアム三世とメアリー二世が即位の条件として承認した「権利宣言」を法律として制定したもの。イギリス立憲政治の基礎になった。

(35)　韓非　(?—前二三三年頃)。中国戦国時代末期の代表的な法家思想家。韓の公子。李斯とともに荀子に師事。五五編からなる『韓非子』を著し政治の方法を論じた。

(36)　李斯　(?—前二一〇年頃)。中国、秦の政治家。韓非とともに荀子に師事。法治主義者として始皇帝の天下統一に貢献した。郡県制の実施、文字・度量衡の統一、焚書坑儒による思想統制などを献策した。

ならない。それが「自然権」です。命を守ってくれるならば他のところは妥協する、強い人間に従う、これが自然状態です。

ホッブズが考える自然状態が「人は人に対して狼」という殺伐としたものだったのに対して、ロックの場合はもっと牧歌的です。命だけでなく財産も自然権であると。確かに、動物にも縄張りというものがあって、縄張りを侵そうとすると闘うものなので、自然権というのはあくまでも命プラス最低限の私有財産なんですね。そこまでは自然権というものであって、それ以上のものは王様でも誰でもいいけれども誰かに委ねることで秩序が生まれ、結果的に人々の生命と財産が守られる。これが近代西洋の政治思想の基本にある社会契約と人権の考え方です。

イスラームの政治制度は理性の義務か啓示の義務か

イスラーム世界では一〇〇〇年ほど前にマーワルディー(37)という法学者が『統治の諸規則』という日本語にも訳されているイスラーム国家学の理論書を書きます。正確に言うと、イスラームには「国家」という法人概念はないので政治体制論と言ったほうがいいかもしれません。その本の最初のほうでイスラームの政治制度は理性に基づく義務なのか、啓示によって義務づけられたものなのか、が論じられます。シーア派は人間社会が一人の指導者によって統治されるべきことは理性によって知られる、と考えます。ところが、スンナ派はそうではなくて、預言者ムハンマドへの神の啓示によってはじめて義務となる、と考えます。これは政治体制の話です。しかし具体的にその指導者を選ぶという段になると、シーア派は神がその預言者の口を通じて指導者を任命すると考えるのに対して、スンナ派は人々が自分たちで選ぶと考えます。

ただし、理性の意味が現代と前近代では全然違います。前近代においては、イスラームでもキリスト教でも同じなのですが、理性とは宇宙論的実体、具体的に言うと天使的存在なのです。アリストテレスによると第一実体とは純粋存在であり、自らは不変不動で他者を動かす一なる純粋存在は純粋理性でもあり、雑多な下界には一切関わりを持たず完全な善である、自分だけについての思惟《しい》のみを行う存在です。

しかしそれだと多の世界は説明できないので、不動の一者の自己観照の過程で、多の世界が生まれる。それが天使的存在としての理性です。そうした天使的存在が次々と分化し

(37)　マーワルディー（九七四年頃―一〇五八年）。イスラーム教シャーフィイー派の法学者。アッバース朝のカリフであるカーディル（在位九九一年―一〇三一年）に仕え、その著書『統治の諸規則』によって古典的カリフ論を確立させた。

ていく過程で階層的宇宙が生み出されます。

不変不動の存在のモデルは球です。球体は同じところをくるくると回っていても一見すると動いていないように見える。ですから、球体は不完全ながらも不変不動の完全存在を指し示すモデルになります。前近代の世界観では、太陽や月のような天空の球体は、不動の動者、自己観照者である完全存在、純粋理性を模す下位の理性で、天使的存在となるのです。

預言者は理性による必然か？　クルアーンの啓示によるものか？

理性とはそういう形而上学的存在であり、そうした理性を人間界において有する者が哲学者になります。シーア派だとそれが預言者とイマーム（指導者）にあたります。シーア派は人間界にそのような完全な理性を有する者、預言者、イマームが存在するのは、理性によって要請される必然だと考えます。スンナ派は、そうではなくて預言者は別にいなくてもいいのだけれど、神がそういう人間を選んだから存在している、と考えます。ですから、預言者に従う義務を知ることができるのはクルアーンの啓示によって、ということになります。理性的に生まれたら、みんなバラバラに生きていても構わないのだけれど、神が預言者を人間に遣わして、シャリーア（聖法）を啓示で教えたので、預言者の教えに従ってその聖法を守らなければならない。それがスンナ派の考え方です。

啓示がなくても理性は存在します。シーア派の場合は、仮に預言者ムハンマドがいなくてもイマームはいることになります。啓示がなかった世界でも、どこにでも従うべき指導者はいなければならない、という話です。スンナ派の場合は指導者が立ったとしても別に従わなくても構わない。実際に背く人間がいるのは事実ですから。

スンナ派の統治契約論と社会契約論の決定的な違い

もう少し分割して説明します。シーア派では、理性によって政体は決まっている、けれども指導者は啓示によって決まっている。スンナ派では逆であって、政体は啓示によって決まっているのだけれども、個々の指導者は人間が選ぶように命じられているわけです。

王制という制度自体は、神によって定められたものである。ただし、個々の王が誰かについては、神が直接任命するわけではなく、人々が自分の指導者を選び、自分たちが選んだ指導者と忠誠契約を結び、契約を結んだからその指導者に服従する義務が生じる、という理路になります。こうした契約を、君臣契約、統治契約と呼びます。契約によって人々が君主を選び、君主も契約に拘束される、という意味では西洋の社会契約論に少し似ています。しかしこの君臣契約、統治契約は社会契約とは似て非なるものです。というのは君臣契約、統治契約論においては、支配する君主、服従する臣民という政体自体は、神によって定められた制度であるのに対して、社会契約論における契約は、もともとは自然状態にあった人間が、自然状態において有した自分の自由を自ら制限して一人の人間に委託することによって君主制度自体を自分たちでゼロから創設するからです。

もともと平等な人間たちが、自分の権利をある別の人間に、契約によって譲り渡すわけですが、その時の契約の内容によって、権利や義務も変わってくるわけです。これが社会契約です。この意味で社会契約論は西洋だけに生まれた特殊な政治論ですが、統治契約のバリエーションは、実はどの社会にもあるんです。

そういう意味では、イスラームのスンナ派の政治論において、忠誠契約によって君主もその契約に拘束される義務が生じ、臣民も君主が契約を守らなければ服従する義務が解除されるため「法の支配」の原理とはなっているのですが、君主制度自体は人間が定めたものではなく、神が定めたものである、という点で決定的に社会契約論とは違っています。

私のカイロ大学の博士論文は、統治契約論と社会契約論の違いを説明した上で、イブン・タイミーヤ（一二六三年―一三二八年）がスンナ派の統治契約論の通説を批判し、まったく新しい法治国家理論を構想した、ということを証明するものでした。しかし博士論文審査の副査を務めた教授でさえその区別がついておらず、イスラームの政治理論は社会契約論であり、西洋と同じなんだ、と言い張っていたぐらいで、残念ながらその区別がついていない人はイスラーム世界にもたくさんいます。

イスラームには「義務」はあるが「権利」はない

イスラームでは社会契約論は原則ありません。そもそも、人権という概念がないのです。西洋では人権概念は社会契約論のあたりから出てきます。自然法から自然権が出てくるわけです。この辺は、一番わかりやすく解説しているのが、副島隆彦の『現代アメリカ政治思想の大研究―〈世界覇権国〉を動かす政治家と知識人たち』（筑摩書房、一九九五年）です。この本はナチュラル・ライト（自然権）とナチュラル・ロー（自然法）の違いをわかりやすく明晰《めいせき》に説明しています。

イスラームには人権概念がない、といっても、もちろん、イスラームにおいて、生命や財産の安全が保障されない、ということではありません。イスラームでは、「私には生きる権利がある」「財産を奪われない権利がある」とは考えません。そうではなく、神から「人を殺してはならない」「盗んではならない」と命じられているから、人を殺してはならない、盗んではならない、と考えます。その結果として、人間の生命と財産の安全が保障されるのです。法学用語では「義務の反射」と言います。「人を殺すなかれ」という命令があって、その反射として、生きる権利に準ずるものが生じます。義務だけがあって、権利は存在しないのです。ただ義務の反射として、あたかも権利があるかのように見えるだけです。しかし人権などなくとも、実際にはあるのと同じ機能を果たします。「殺してはいけない」という命令に付随して、死刑という罰が定められていれば、生命の安全の担保になっているからです。

「生きるため」なら「盗み」も「義務」になるイスラーム法

生きる権利がある、というのはどういう意味かというと、事実として人間が殺されないようにできている、ということではありません。実際に、今この瞬間にも、世界中で多くの人間が殺されています。生きる権利がある、と言っても、実際に殺されないということではなく、実際には殺されることもあるわけです。殺された時に罰があることではじめて人権に実体が生ずるのです。

自分に権利があるから、ということではなくて、他の人に「殺してはいけない」という義務があるから、結果的に自分が殺されない、ということですね。

殺したり盗んだりした場合は、罰がある。その罰の根拠というのが、法になるわけです。イスラーム法では、盗まなければ生きていけなかったりすると、逆に盗むことが義務になります。「生きなさい」という命令があるからです。なんで「生きなさい」という命令があるのかというと、神に仕えるためにです。生きていないと、神に仕えることもできませんから。その場合には、むしろ盗まないといけないのです。盗んで、食べないといけないのです。その場合でも、自分が生きるために、他人を殺すのはダメなんですね。「殺してはいけない」という義務は、自分を殺すにも相手を殺すにも、どちらにも適用されるからです。その時に、自分の命を守るために、相手を殺す、というのはいけません。それも法で決まっています。不作為で自分が死ぬのと、作為で人を殺すのは、作為で人を殺すほうが罪が重いからです。同じように盗むことも状況によっては義務になります。盗まないと飢えて死ぬ、ということなら、盗んででも生きなければなりません。もちろん、これは極限状態の話ですので、社会の全員が怠け者になり働かずに泥棒になれば、結果的にはみんな死んでしまうので、それはダメなのですが。イスラームと西洋近代の世俗社会では、法の概念が根本的に異なるのです。もちろん、私はイスラームのほうが正しいと確信していますが。

「移動の自由」を奪う国境は自然権の侵害

自然権とは何か、という時に、現在の最大の矛盾は国境です。自然権の基本の基本に、移動の自由があります。動物は動くから「動物」なのです。人間は好きな時に好きな所に動いて行くことができます。国境はその動くことの自由、それに対する侵害なのです。人権は、国家からの抑圧、介入の拒否を本質とする「消極的権利」である「自由権」と、国家に頼って叶《かな》えてもらう「積極的権利」である「社会権」に分けるのが通例です。歴史的にも、理論的に考えても、自由権がまずあって、社会権は自由権が満たされた後で社会が豊かになってから現れた概念です。自由権とは人間が生まれながらに持っていると考えられるもので国家権力をもってしても奪うことができない大切なものであるのに対して、社会権は、できるならやればよい、というものです。憲法学の用語では、強制力を持たない国の努力目標という意味で「プログラム規定」と言います。

移動の自由はすべての人間に生まれながら自然に備わったもので、最低賃金や就業機会平等のような社会権などよりはるかに基本的で重要です。地球に人間の移動を禁ずる国境などというものがなかったことは、架空の自然状態など考えなくても、国家などたかだか数百年の歴史しかないことから自明です。飢饉《ききん》で食べるものがなくなったり、火山の噴火や地震などの天災、戦乱などの人災から逃れたりするために自由に行き先を決め行きたいところに行くことは、人類にとってもっとも原初的で重要な生存権です。その移動の自由を人為的な国境で制限し、なんの自然的な根拠もない国籍によって人間を差別し、外国人だというだけで、命からがら身一つで逃れてきた難民さえ追い返すような者には、いかなる人権も口にする資格はありません。

啓蒙主義は西洋キリスト教文明優位の自文化中心主義

ルネサンス、地理上の発見、宗教改革、市民革命、科学革命、産業革命を経験した西洋は徐々に他の文明圏に対して優位に立っていきます。オスマン帝国による一六八三年の神聖ローマ帝国に対する第二次ウィーン包囲の失敗(38)、一六九九年のカルロヴィッツ条約(39)による神聖ローマ帝国へのハンガリーの割譲は、西洋とイスラーム世界の力関係の逆転を示す象徴的出来事となりました。

一九世紀は西洋列強がアジア・アフリカの大半を植民地化する西洋の世紀となりました

(38)　第二次ウィーン包囲の失敗　一六八三年七月にオスマン帝国がウィーンに対して行った侵攻。オスマン帝国がオーストリアと戦った際、ウィーン郊外まで進軍し、二か月間包囲攻撃するも、オーストリアの援軍ポーランド王ヤン三世ソビエスキの軍に敗退した。

(39)　カルロヴィッツ条約　一六九九年にオスマン帝国、オーストリア、ポーランド、ヴェネツィア、ロシアの間に結ばれた講和条約。第二次ウィーン包囲に失敗したオスマン帝国はその後も大敗し、この条約によってヨーロッパ領土の大半を失った。オーストリアはハンガリーを獲得した。

が、一八世紀は啓蒙主義[40]の時代でした。列強は世界各地に進出することで、ヨーロッパの外の世界の風物に目を開かれました。ヨーロッパに旅したペルシャ貴族の手紙の形を取って西洋文明を批判するモンテスキュー[41]の小説『ペルシャ人の手紙[42]』のような作品が生まれたのも、そういう背景があってのことでした。しかし啓蒙主義の主調音は、それは西洋だけが普遍的な理性を行使することで古い迷信、因習を捨てることができたからである、との近代西洋キリスト教文明の優位を素朴に信ずる、自文化中心主義でした。この普遍的理性への素朴な信仰は、人間の理性が普遍的であると言いつつ、同じ理性を分有するはずのすべての人類の中でも西洋人だけが他の文明圏を植民地化し現地人を支配することができる進歩した人間であるとの、進歩史観を生みました。一八世紀の啓蒙主義は西洋の世紀であった一九世紀に、社会進化論、社会ダーウィニズム[43]や白人至上主義[44]の優生学のような疑似科学を生み出します。

啓蒙主義の「平等」は理性を持った西洋人のみのもの

中世のカトリックは空想の中で西洋哲学がもっとも優れていると思い込んでいたわけですが、客観的に見たら世界に対してすごく遅れていたのです。イスラーム圏だけでなく、中国に比べても、インドに比べても遅れていました。しかし本人たちはキリスト教の信仰だけを妄信する価値観の人たちでしたから、自分たちだけが天国に行ける、他の人間はみんな地獄行きの野蛮な異教徒だと考えて自己満足に浸っていました。しかし一八世紀、一

(40) 啓蒙主義　一七世紀から一八世紀にヨーロッパで広まった、神学に代表される伝統的な偏見や迷妄を打ち破り、近代的な合理主義・理性を重視する革新的思想。ロックやヒューム、モンテスキューなどを代表とする。

(41) モンテスキュー（一六八九年―一七五五年）。フランスの啓蒙思想家、政治哲学者。『ペルシャ人の手紙』で一躍脚光を浴びる。三権分立説の創唱者としても知られ、アメリカ合衆国憲法やフランス革命に大きな影響を与えた。

(42) 『ペルシャ人の手紙』　一七二一年に刊行されたモンテスキューの書簡体小説。ヨーロッパに来た二人のペルシャ人の手紙という形式で、イスラームとキリスト教両世界を対比し、フランスの政治や社会を風刺した。

(43) 社会ダーウィニズム　ダーウィンの進化論、生物間における自然淘汰および生存競争の概念を人間社会に適用して、社会進化の立場から社会現象を説明すること。スペンサー、ヘッケルなどに代表される。

(44) 白人至上主義　白色人種が黄色人種や黒人などほかの人種に比べて優れているという人種差別の考え方。

九世紀に西洋列強がアジア・アフリカを植民地化していくと、それはただの自己満足の妄想ではすまなくなり、征服地の住民を差別し隷従させる植民地支配のイデオロギーに転化していきました。

仏教に顕教と密教という考え方があります。大雑把に言えば、「顕教」とは大衆向けの表向きの建前の教え、密教とはエリートにだけ明かす真の教え、内輪の本音です。啓蒙思想の顕教は、人間の平等を説きますが、その密教は、理性を有する人間だけが成熟した完全な人間であって、それは我々西洋の白人であり、それ以外は躾《しつ》けて庇護《ひご》すべき未熟な「半人前」である、とのアリストテレスの奴隷論の系譜にあるパターナリズムです。

奴隷、異教徒、西洋列強の三分法

この時期に西洋の世界観は二分法から三分法に変化します。それまでの西洋の考え方では人間は（一）天国に入る善き人間＝キリスト教徒（カトリック）、（二）地獄に落ちる異教徒＝悪人の二種類に分かれます。しかし、世界の実態が見えてきたところで「あれ、なんか違うな」と思ったわけです。

まず、奴隷です。ロックやホッブズにしても、奴隷廃止とは言っていないわけですね。奴隷は奴隷である。その点では、人間は生まれながらに自由と口では言っているものの、現実にはアリストテレスの世界観とあんまり変わっていないんですね。奴隷の正当化の論理は、以下のようになります。広い地上には未開人と呼ぶべき民族がいて、それは子どもと同じである、子どもは大人と同じ扱いはしない。未開人は子どもと同じなので、征服して自由に処分していい。どうせ考える頭がないのだから、自分たちがこき使っても、食べ物と住むところを与えてやるほうがそいつらのためにもなる。子どもというか動物と同じようなものです。

ところが、そう思っていても、世界には武力で征服して奴隷化することはできない相手もいるわけです。それが、当時の中国（大清帝国）であり、イスラーム世界（オスマン帝国）でした。あいつらは異教徒で我々よりは劣っているけれども、でも一応文明らしいものは持っているので、未開人ではない。そこで世界を三つに分けることになります。(一)武力で征服して奴隷化できる異教徒の住む土地、(二)武力で征服しきれない異教徒の土地、(三)自分たち西洋列強、です。勝てない異教徒というのは、西洋文明には劣るが文明らしいものを持っている、とみなすわけです。日本もこの範疇《はんちゅう》に入っていたので植民地にはなりません。一応条約を締結する法的行為能力は持っており、条約締結の当事者にはなれるので条約は結びます。しかしこうした国の住民は理性を持ってはいても、完全な理性ではないので、西洋人と同じ扱いはできない。そこでこのカテゴリーの国とは条約は結ぶが、平等な条約ではなく不平等条約になります。日本は不平等条約を改定するために、西洋の基準に適《かな》った憲法を制定するなど、いろいろ苦労したわけですね。

西洋の「普遍的人権」は「領域国民国家システム」の押しつけ

このように西洋は世界を、(一)自分たち文明人が住む西洋の文明国、(二)野蛮人が住むオスマン帝国、中国、日本などの半文明国、(三)未開人が住むアジア・アフリカの植民地、に分けたわけです。しかし実のところ、市民革命、産業革命、科学革命を経た一九世紀になっても西洋はまだ経済的にも中国にさえなかなか勝てませんでした。だからこそ、イギリスが言い掛かりをつけてアヘン戦争(一八四〇年—一八四二年)を起こさざるをえなかったわけです。その一世紀前はインドにすら勝てなかったわけですよね。

この三分法は西洋の社会科学にも反映されています。西洋の社会学、政治学、経済学などは西洋社会をモデルに作られており、それ以外の地域にはうまく当てはまりません。そこで中国、イスラーム世界、インドなどのかつて高文明帝国が栄えた地域は東洋学(オリエンタリズム)の守備範囲になり、それ以外の未開な地域は人類学が担当するというわけです。西洋人自身は必ずしも意識していませんが、彼ら自身、あらゆる人間に通用する「普遍的人間」などという概念を本当に信じているわけではないのです。日本は一応、「名誉白人」的に西洋の仲間に入れてもらっていましたが、必ずしもそれが欧米人の真意ではなかったことは、コロナ禍で顕在化したアジア人差別が証明しています。

つまり、西洋が声高に言い立てる「普遍的人権」などの概念は、普遍的でもなんでもなく、野蛮人、未開人たちを、西洋諸国の国境の外に締め出しておいた上で、非西洋人たちを洗脳して既存の西洋中心的国際秩序である「領域国民国家システム」を都合よく押しつけるための矛盾に満ちた支配のイデオロギーに過ぎないのです。

第二章

イスラームと近世哲学

デカルトの心身二元論は後期イスラーム神学と一致

デカルトは、近代哲学の祖と言われますが、その言葉をどのように解するべきでしょうか。そしてそれは、イスラーム哲学とどのような相違点を持つのでしょうか。本書は古代、中世、近世、近代、現代の時代区分を採用していますが、近世、近代、現代をまとめて近代と呼ぶ用法もあります。本書は近世を扱う第二章をデカルトから始めます。

デカルトは、心身二元論、すなわち「心」と「物」、精神と物質をそれぞれ独立したものとして扱う考え方の創始者として重要です。デカルトは、脳の中に松果体《しょうかたい》という小さな器官があり、そこで物質と精神が互いに作用しあう、という説を唱えています。物の世界は、延長性があるもので、空間を占めることによって空間に影響する。一方でそれがないのが精神の世界、というのがデカルトの考えです。

近代哲学の祖と言われますが、世界観の枠組み自体は、非常に神学的です。それは実は、デカルトが神学的な考え方をしているからです。イスラーム神学を参照するとよくわかります。

イスラーム神学の宇宙論によると、生成消滅する可能存在者のうちで空間の中に場所を占めるものが物体と呼ばれ、物体の変化は空間を占める物体に偶有が宿ることによって生じます。偶有は単体では存在しえず、物体に宿ることによってはじめて存在します。生成消滅する可能存在者はそれ自体の中には存在する力を持たず、物体と偶有に存在を与えるのは、生成消滅することなく必然的に永遠に存在する必然存在、すなわち造物主です。

前期イスラーム神学では、宇宙とは可能存在者である空間を占めるもの（物体）とそれに宿るもの（偶有）の総体であり、存在者とは宇宙と宇宙を超えた空間を占めない必然存在者である造物主を合わせたものとなります。

ところが哲学と神秘主義の影響を受けたファフルッディーン・アッ＝ラーズィー[1]以降の後期イスラーム神学になると、空間を占めない存在者が認められるようになります。それが霊体（jawhar rūḥī）です。英語でも、spirit には霊と精神の二つの意味がありますが、アラビア語の rūḥ も同じです。霊体とは人間の霊魂や天使などを指します。

つまり物質の領域と精神の領域を分けるデカルトの心身二元論は後期イスラーム神学の世界観と一致しています。ただし、後期イスラーム神学では、霊体とは人間の霊魂だけではなく、天使などの「天的」存在者が考えられていたわけですが、アリストテレスの自然学の否定によって成立し天体を脱聖化した近代科学の洗礼を受けたデカルトの esprit は精

（1）ファフルッディーン・アッ＝ラーズィー（一一五〇年頃―一二一〇年頃）。スンナ派の神学者。帰納理論を構築し、スンナ派神学と哲学を統合した。

神を意味しており、天使などの霊体については念頭にありません。その意味において、デカルトは空間を占める物質の世界と、空間を占めない霊的存在の世界を分ける神学的宇宙観に立脚しながらも、宇宙を脱聖化した世俗的西洋近代哲学の祖でもある、という過渡期の哲学者と言えるでしょう。

デカルトが端緒を開いた、心や意志は物質からなるこの宇宙からは独立していて、実際に起こる現象との間に因果関係を求めない、という考え方を機械論と言いますが、この機械論がもっと進んでいくと、もう精神というものも消えていきます。これは西洋の考え方の基本になっていて、存在感は圧倒的に大きいですね。

心身二元論にはないイスラームの「倫理性」

デカルトの心身二元論は、精神を有する、という点において他の物体と違う人間の特別な地位を確保するためのものです。同じ一神教であるイスラームでもやはり人間は特殊な存在です。ただそれは精神の認識作用によってではありません。イスラームの場合、人間を他の被造物から分かつものは、神の命令への応答責任を担う、というその「倫理性」にあります。そこが大きく違っています。

心身二元論の基本は、体は自然法則に従っているが、心は別の法則に従っていて、意志があって行為の自由がある、という考え方です。

アリストテレスは、プシュケー（霊魂、精神）を、植物霊魂、動物霊魂、人間霊魂の三つに分けました。植物霊魂は栄養摂取と成長を、動物霊魂は感覚と欲動を、人間霊魂は理性（ヌース）とも呼ばれ認識を司ります。その三つが揃っているのが人間ですが、人間の中にも動物的なものや植物的なものがある、というのがアリストテレスの考え方です。

デカルトの場合はそうではなくて、完全に人間だけが精神を持っている、という考え方です。イスラームの場合はそれとも違って、人間だけが特殊なのだけれど、その理由は、別に理性を持っているからではなく、意志による行為選択の自由を持っているからです。そして自由だから偉い、というわけではなくて、自由と責任がセットになっています。人間だけが倫理的責任を負わされる。植物や動物に責任能力はないです。何をしようともそれによって何か罰を受けるとかいうことはないわけです。責任と罰にはあくまでも行為の自由が論理的に前提とされる、という話です。ただし罰というのは現世ではなく、来世での最後の審判における応報の話です。来世での最後の審判で地獄の懲罰を受けるのは人間だけなので、その意味で人間だけが特殊なのです。

イスラームでは、動物は地獄に落ちることはありません。クルアーンには記述がないので、クルアーンに比べて信憑性《しんぴょう》が低い第二聖典であるハディースを参照するしかありません。それらを総合すると、動物も一度よみがえって審判を受け、不当ないじめを被った場合はその応報をすませて、そのまま消えてしまいます。天国に関しては、一人の遊牧民から「天国にはラクダがいますか。私はラクダが好きなのです」と尋ねられた預言者ムハンマドが「天国ではあなたが欲しいものが手に入ります」と答えられた、と伝えられており、動物が天国に入ることはあるようです。ただし、動物には責任能力がなく、懲罰もないので、天国と地獄の応報がない、というのが基本です。

人間は最後の審判で裁かれます。審判を受けた上で罪を許される、ということはありません。子どもなど責任能力がない者には、審判はなく、天国に入ります。子どもは鳥の姿になって天国に入る、という伝承もあります。来世についてのイスラームの考え方は極めて法学的です。

懐疑論の文脈から出てきた「我思う、ゆえに我あり」

デカルトの言う「精神（esprit）」を持たない人間は、イスラームの考え方では審判を受けません。大雑把に言えばそういうことです。厳密に言うと、デカルト的な心身二元論の枠組み自体が基本的にヨーロッパというか、キリスト教の人間観に基づくもので、イスラームの人間観とは正確には対応しないのですが、この問題を詳しく論じ始めるとそれだけで一冊の本になってしまうので、これ以上は深入りしません。

判断能力がある人間の意志による自由な決断に基づいた行為には、責任が発生して、それについて審判を受ける、という大筋はキリスト教でもイスラームでも同じですが、そもそもデカルトは哲学者なのでその問題はあまり論じていません。あくまでも彼が心身二元論に至った問題関心は認識論にあります。

デカルトの有名な言葉に「我思う、ゆえに我あり」がありますが、その文脈は人間の自由とか責任能力についてではありません。決して疑いえない確かな知とは何か、と突き詰めた時に、最後に残るものはその疑っている自分自身である、という懐疑論の文脈です。

アラビア語にはなぜ西洋の「無神論」的概念が存在しないのか

イスラームにも懐疑論というのはいくらでもあります。ただ、デカルトのような形にはなっていません。自己の存在を疑いえない根拠として、という発想は、私が知るかぎり、イスラームにはありません。

西洋では懐疑論の流れの先に無神論が現れるのですが、これもイスラームの場合とは違います。イスラームとは定義上、唯一神に帰依することですので、イスラーム教徒であるかぎり無神論にはなりえません。イスラーム教徒であれば神に従っているわけで、神に従っていれば無神論ではありませんから、無神論でかつイスラームというのは矛盾しているということになります。

もちろん、無神論に相当する言葉はアラビア語にもあります。ダハリーヤ（Dahrīyah）と言います。ダハル（dahr）とは「時間」を意味し、「ダハリーヤ」の字義は「時間主義者」です。なぜ「ダハリーヤ」が無神論を意味するのかというと、クルアーンに「彼らは言う。『ただ今生があるだけである。我らは死に生きるが、ただ時間（dahr）が我らを滅ぼすだけである』」（四五章二四節）と言われているからです。

預言者ムハンマドがイスラームの宣教を始める前のアラブ人の宗教は多神教でしたが、来世などなく、ただこの世の時の流れの中で人間は生きて死んでいくだけである、との虚無主義も存在しました。それでこの虚無主義「ダハリーヤ」が「無神論」を意味する言葉になったのです。

日本語の無神論はヨーロッパ言語 atheism（英語）、athéisme（フランス語）、Atheismus（ドイツ語）の訳語で、ギリシャ語の神「テオス（theos）」に否定詞「ア（a）」がついたものです。その意味ではアラビア語にはヨーロッパ語の無神論にあたる概念はありません。それはそもそも日本語ではふつう「神」と訳されるギリシャ語のテオス（theos）[2]とアラビア語のイラーフ（ilāh）がまったく違う概念だからです。もともと theos とはゼウスやアポロ(3)などのギリシャ神話の神々の一人を指す言葉だったものが、ユダヤ教の唯一の創造神ヤハウェ(4)に転用され、キリスト教神学の用語になったものです。スコラ神学は神についての煩瑣《はんさ》な議論を積み重ねてきました。しかし教皇ユリウス二世(5)がバチカンのシスティナ礼拝堂の天井画としてミケランジェロ(6)に描かせた『天地創造』では神は髭を生やした老人の姿で描かれており、現在でもキリスト教の神には「髭を生やした老人」のイメージがあり、

（2）ゼウス　ギリシャ神話の最高神。全知全能で、天候をつかさどり、神々と人間の支配者、守護者とされる。

（3）アポロ　ギリシャ神話の太陽神。ゼウスと女神レトの息子でオリンポス十二神の一人。女神アルテミスの双子の兄。

（4）ヤハウェ　旧約聖書における天地創造の神。イスラエル民族の唯一神。

（5）ユリウス二世（一四四三年—一五一三年）。ローマ教皇（在位一五〇三年—一五一三年）。ルネサンスの盛期に多数の芸術家たちを保護し、その発展に寄与。サン・ピエトロ大聖堂の再建に着手した。

（6）ミケランジェロ（一四七五年—一五六四年）。ルネサンス盛期を代表する画家、彫刻家、建築家、詩人。『ダビデ像』や『最後の審判』など、西洋美術史に多大な影響を与える作品を遺した。

神を信ずるとは、そのような神が「いる」のか「いない」のか、と問われて、「いる」と思うことを意味します。

「神がいるかいないか」ではなく「何を神とするのか」

ここでは創造神を具象化することを問題にしているのではありません。ポイントは、テオス（theos）は「いる」か「いない」かを問えるような「客観的」存在だということです。それに対してイラーフ（ilāh）は「崇拝されるもの」を意味します。「崇拝されるもの」とはそれを崇拝する人間がいてはじめて「崇拝されるもの」になります。つまり人間から独立して「客観的」に存在するものではなく、人間が崇拝することによってはじめて「崇拝されるもの」になるということです。逆に言うと人間が崇拝すればどんなものでも神になります。「もの」である必要もありません。少し前に引用したクルアーン四五章二四節の前の節では「自分の欲望を自分の神とした者をあなたは見なかったか」（四五章二三節）と、自分の欲望を神に祀《まつ》り上げて崇《あが》め従っている者がいることが告げられています。つまりゼウスやアポロのように人間が信じようが信じまいが、いるならいるし、いないならいないで、その有無が客観的に決まっている「テオス」と違い、「イラーフ」は人それぞれで、それをイラーフ（神）として崇めて隷従する者がいれば、それはその者にとってはイラーフですが、他の者にとってはイラーフではありません。「いる」か「いない」か、その有無が客観的に決まっているテオスと違い、イラーフは客観的に有無を言うことができるようなものではなく、ただ人間がそれをイラーフと「する」か「しない」か、主体的に決めることだけができるものであり、それがイスラームに無神論がない理由です。

イスラームは、人間は必ず何かを崇めてそれに隷従していると考えます。欲望のままに生きる人間のことを、私たちのような世俗的現代人は「自由な人間」と考えますが、イスラームでは欲望の奴隷と考えます。金や権力や快楽が彼らのイラーフ（神）なのです。欲望への隷従を、煩悩、我執への囚われと考えれば、前近代の日本人なら、さして違和感のない考え方だと思います。

ですから、人間は誰でも自分の「神＝イラーフ」を持っています。つまり「無神（イラーフ）論」は原理的にありえないのです。問題は「神がいるかいないか」ではないのです。「何を神とするのか」が問題なのです。

イスラームが背教罪の適用を嫌うのはなぜか

イスラームには、そもそも教会組織がないので、誰がイスラーム教徒かを決定する機関はありません。また人間の心の中の考え、思いを知るのは造物主アッラーだけなので、信仰を裁こう、という発想がありません。キリスト教の異端審問、日本仏教の宗門改めのような制度はイスラームにはありません。

ですから、イスラームでは無神論が問題になることはあまりありませんが、まったくないわけではありません。法の宗教であるイスラームでは、内心の信仰は裁きませんが、訴訟が起きた時にどの法を適用するのか、ユダヤ教の律法なのか、キリスト教のカノン法なのか、イスラーム法なのかを決めないといけないので、イスラーム教徒なのかそうでないのか、を決める必要が生じます。その時には、自分が何を神とするのか、クルアーンで人が従うべき聖法（シャリーア）を啓示した造物主に帰依し、イスラーム法を守るのかどうか、を審問される場合があります。イスラーム社会では、特に何も言わないかぎり、イスラーム教徒の親から生まれた子どもはイスラーム教徒とみなされ、イスラーム法に則《のっと》って、イスラーム教徒として結婚し、親の遺産を相続し、葬儀を行い埋葬されます。

ところがイスラーム法では、イスラーム教徒の背教に死刑を定めているので、アッラーをイラーフ（神）として帰依しない、イスラーム法を守らないと裁判で公言すると死刑になります。ただしこれは原則で、実際に死刑になることはあまりありません。というのは、内心の信仰を知るのはアッラーだけなので人の内心を裁く背教罪の適用を嫌うから、というのも一つの理由ですが、もう一つは、背教した人間が悔悟を求められるからです。イスラームには、キリスト教と違い三位一体のような理解を超えた秘儀やテルトリアヌス(7)のような「非合理ゆえにわれ信ず」といった考え方はありません。背教に至るのは勉強が足らず正しくイスラームを理解できなかったからだと考えるので、改めてイスラームを正しく教えて考え直すように説得するわけです。そしてイスラームが合理的な宗教である以上、正しく説明されても考え直さなければ、理性を欠く狂人で責任能力がないとみなされて免責されて放免されるのが通常だからです。

預言者への啓示を否定して批判されたペルシャ人哲学者

しかしそれにもかかわらず、歴史的に背教者の嫌疑がかけられたムスリムがいないわけではありません。たとえば、医学、錬金術（化学）でも多くの優れた業績を残したペルシャ人哲学者アブー・バクル・ラーズィー（八六五年頃―九二五年頃）がいます。彼は預言者への啓示を否定したとして、批判されています。イスラームの信仰は、「アッラー以外にイラーフ（崇拝すべき対象）はない」という第一信仰告白と「ムハンマドはアッラーの使徒

（7）　テルトリアヌス　（一六〇年頃―二二二年頃）。キリスト教護教家、著作家。異教や異教の学問を強く批判し、ラテン神学の礎を築いた。原罪論や三位一体論の発展に大きく貢献した。

である」という第二告白にまとめられます。理性の力で物事を知り尽くそう、というのが哲学の基本姿勢です。ですから神が人類に預言者を遣わして真理を教える、という人格神からの啓示を核心とするアブラハム的一神教と哲学は本質的に相性がよくないとも言えます。イスラームの場合、神は「いる」か「いない」かより、「何を神として崇め従うか」が問題になりますが、神がどういうものであって、どうやって神を崇め従うか、を具体的に教えるのは啓示の役目になります。ですから、イスラームにおいては、背教の焦点は、神への信仰の有無ではなく預言者ムハンマドが神から遣わされた預言者であることを肯定すると信じるかどうかになります。

背教者の嫌疑をかけられた『ルバイヤート』のオマル・ハイヤーム

預言者ムハンマドを否定したとして背教者の嫌疑をかけられた有名な哲学者としては、やはりペルシャ人の科学者でもあったオマル・ハイヤーム（一〇四八年—一一三一年）がいます。彼は三次方程式の一般的解法を発見した数学者、天文観測の業績で有名な天文学者でもありました。オマル・ハイヤームを世界的に有名にしたのはその唯物主義的、虚無主義的作風の詩集『ルバイヤート（四行詩集）』です。イギリスの詩人フィッツジェラルド(8)が一八五九年に英訳して出版した『ルバイヤート』はイギリス文学に大きな影響を与えただけでなく、その後多くの言語に翻訳されており、日本でも蒲原有明(9)が一九〇八年にはじめてフィッツジェラルドの訳書中から六首を選んで重訳紹介してから今日まで多くの訳が出版されています。オマル・ハイヤームは背教者として処刑されることを恐れて生前『ルバイヤート』を発表しなかったので、文献学的に確実にオマル・ハイヤームの真作とされる『ルバイヤート』の作品はほとんどないのですが、オマル・ハイヤームの作とされる『ルバイヤート』がペルシャ詩の名作として七〇〇年以上にわたってイスラーム世界の人々に親しまれてきたことは確固たる歴史的事実です。

「イスラームの無神論」を体現した詩

『ルバイヤート』は「イスラームの無神論」の雰囲気を知るには非常に良い素材なので、せっかく良い訳があることですから、少し長くなりますが、小川亮作訳の第一章「解き得

(8)　フィッツジェラルド　エドワード・フィッツジェラルド（一八〇九年—一八八三年）。イギリスの詩人、翻訳家。『ルバイヤート』のほか、『カルデロンの戯曲6篇』などを翻訳した。

(9)　蒲原有明（一八七五年—一九五二年）。日本の詩人。ロセッティなどに影響を受け、日本における象徴詩手法を確立した。

ぬ謎」の全文を以下に転載しておきましょう。

(1) チューリップのおもて、糸杉のあで姿よ、
わが面影のいかばかり麗《うるわ》しかろうと、
なんのためにこうしてわれを久遠の絵師は
土のうてなになんか飾ったものだろう?

(2) もともと無理やりつれ出された世界なんだ、
生きてなやみのほか得るところ何があったか?
今は、何のために来《きた》り住みそして去るのやら
わかりもしないで、しぶしぶ世を去るのだ!

(3) 自分が来て宇宙になんの益があったか?
また行けばとて格別変化があったか?
いったい何のためにこうして来り去るのか、
この耳に説きあかしてくれた人があったか?

(4) 魂よ、謎を解くことはお前には出来ない。
さかしい知者の立場になることは出来ない。

せめては酒と盃《さかずき》でこの世に楽土をひらこう。
あの世でお前が楽土に行けるときまってはいない。
(5)　生きてこの世の理を知りつくした魂なら、
死してあの世の謎も解けたであろうか。
今おのが身にいて何もわからないお前に、
あした身をはなれて何がわかろうか？
(6)　いつまで水の上に瓦《かわら》を積んでおれようや！
仏教徒や拝火教徒の説にはもう飽《あ》きはてた。
またの世に地獄があるなどと言うのは誰か？
誰か地獄から帰って来たとでも言うのか？
(7)　創世の神秘は君もわれも知らない。
その謎は君やわれには解けない。
何を言い合おうと幕の外のこと、
その幕がおりたらわれらは形もない。
(8)　この万象《ばんしよう》の海ほど不思議なものはない、
誰ひとりそのみなもとをつきとめた人はない。

あてずっぽうにめいめい勝手なことは言ったが、
真相を明らかにすることは誰にも出来ない。
(9) このたかどのを宿とするかの天体の群
こそは博士らの心になやみのたね
だが、心して見ればそれほどの天体でさえ
揺られてはしきりに頭を振る身の上。
(10) われらが来たり行ったりするこの世の中、
それはおしまいもなし、はじめもなかった。
答えようとて誰にはっきり答えられよう――
われらはどこから来てどこへ行くやら?
(11) 造物主が万物の形をつくり出したそのとき、
なぜとじこめたのであろう、滅亡と不足の中に?
せっかく美しい形をこわすのがわからない、
もしまた美しくなかったらそれは誰の罪
(12) 苦心して学徳をつみかさねた人たちは
「世の燈明」と仰がれて光りかがやきながら、

闇《やみ》の夜にぼそぼそお伽《とぎ》ばなしをしたばかりで、
夜も明けやらぬに早《は》や燃えつきてしまった。
(13) この道を歩んで行った人たちは、ねえ酒姫《サーキイ》、
もうあの誇らしい地のふところに臥《ふ》したよ。
酒をのんで、おれの言うことをききたまえ――
あの人たちの言ったことはただの風だよ。
(14) 愚かしい者ども知恵《ちえ》の結晶をもとめては
大空のめぐる中でくさぐさの論を立てた。
だが、ついに宇宙の謎には達せず、
しばしたわごとしてやがてねむりこけた！
(15) 綺羅星《きらぼし》の空高くいる牛――金牛星、
地の底にはまた大地を担《にな》う牛もいるし、
さあ、理性の目を開き二頭の牛の
上下にいる驢馬《ろば》の一群を見るがよい。

いかにも「無神論者」が喜びそうな言葉ですが、旧約聖書の『伝道の書』の次の言葉と

比較してみましょう。

（第一章）1　ダビデの子、エルサレムの王である伝道者の言葉。2　伝道者は言う、空の空、空の空、いっさいは空である。3　日の下で人が労するすべての労苦は、その身になんの益があるか。（中略）

（第二章）1　わたしは自分の心に言った、「さあ、快楽をもって、おまえを試みよう。おまえは愉快に過ごすがよい」と。しかし、これもまた空であった。2　わたしは笑いについて言った、「これは狂気である」と。また快楽について言った、「これは何をするのか」と。3　わたしの心は知恵をもってわたしを導いているが、わたしは酒をもって自分の肉体を元気づけようと試みた。また、人の子は天が下でその短い一生の間、どんな事をしたら良いかを、見きわめるまでは、愚かな事をしようと試みた。（中略）11　そこで、わたしはわが手のなしたすべての事、およびそれをなすに要した労苦を顧みたとき、見よ、皆、空であって、風を捕えるようなものであった。日の下には益となるものはないのである。（中略）13　光が暗きにまさるように、知恵が愚痴にまさるのを、わたしは見た。14　知者の目は、その頭にある。しかし愚者は暗やみを歩む。けれどもわたしはなお同一の運命が彼らのすべてに臨むことを知っている。

15　わたしは心に言った、「愚者に臨む事はわたしにも臨むのだ。それでどうしてわたしは賢いことがあろう」。わたしはまた心に言った、「これもまた空である」と。（第三章）（中略）19　人の子らに臨むところは獣にも臨むからである。すなわち一様に彼らに臨み、これの死ぬように、彼も死ぬのである。彼らはみな同様の息をもっている。人は獣にまさるところがない。すべてのものは空だからである。20　みな一つ所に行く。皆ちりから出て、皆ちりに帰る。（中略）（第四章）1　わたしはまた、日の下に行われるすべてのしえたげを見た。見よ、しえたげられる者の涙を。彼らを慰める者はない。しえたげる者の手には権力がある。しかし彼らを慰める者はいない。2　それで、わたしはなお生きている生存者よりも、すでに死んだ死者を、さいわいな者と思った。3　しかし、この両者よりもさいわいなのは、まだ生れない者で、日の下に行われる悪しきわざを見ない者である。

私が若い頃には『伝道の書』と呼ばれていましたが、現在では『コーヘレトの書』と記されることが多くなっています。三〇〇〇年前のソロモン王にまで遡れないとしても遅くとも二千数百年前には書かれていたコーヘレトの言葉に比べて、千数百年後に書かれたオマル・ハイヤームの詩がいかに薄っぺらか。まして現代の無神論者たちの言葉は言うまでもありません。
まさに「先にあったことは、また後にもある、先になされた事は、また後にもなされる。日の下には新しいものはない。『見よ、これは新しいものだ』と言われるものがあるか、それはわれわれの前にあった世々に、すでにあったものである」（『伝道の書』一章九―一〇節）と言われる通りで、何を今さら、そんな手垢のついたクリシェを蒸し返しているのか、という話です。

イスラームで無神論が流行らない理由

私に言わせると、イスラーム世界で、無神論が流行《はや》らないのは、思想的に弱い、さらに言うなら「子どもっぽい」からだ、ということです。煎《せん》じ詰めれば、無神論は「神なんて俺は見たことないからいるわけない」「神の声なんて俺は聞いたことないから信じない」という話に尽きますから。

神がいることを前提として考えれば世の中はどう解釈できるか、という話に対して、単に「神はいません」と言ったところで、それはなんの反論にもならないし、何も否定したことになりません。感想としては、「はぁ、そうですか」という話にしかなりません。金子みすゞ[10]ではないですが、「見えぬけれども　あるんだよ　見えぬ　ものでも　あるんだよ」（「星とたんぽぽ」）と言っておしまいです。

「神がいない」と言うことが悪い、というのではなくて、神がいないとわざわざ主張する根拠は何で、世の中の人が神だと思っているものは何で、神がいないとして世の中はどうやってできているのか、というところまできちんと説明できないと神は否定し得ないというか、有神論への反論として成立していないだろう、と私は考えています。イスラームの教えでは、そもそも人が神を信じられるか否かは、全知全能の神の導き次第です。神の導きがある者だけが信ずることができるのであって、信じられないのは神に導かれず見捨てられたから、というだけのことです。まぁ、ドーキンス[11]あたりは神の導きがないままに、そういう話を一生懸命やっているわけです。ご苦労様、としか思いませんが。そうした話については第四章のヴィトゲンシュタインについての項目で後述しましょう。

(10)　金子みすゞ（一九〇三年―一九三〇年）。日本の童謡詩人。「わたしと小鳥とすずと」など約五〇〇篇の童謡や詩を書いた。夫に創作を禁じられ、離婚。その後、26歳の若さで自ら命を絶った。

(11)　ドーキンス　リチャード・ドーキンス（一九四一年―）。イギリスの動物行動学者。著書『利己的な遺伝子』で、生物は遺伝子が自己のコピーを増やすための乗り物にすぎないという進化論を唱え、世界に衝撃を与えた。

聖書を合理的に捉えたスピノザ

近代哲学は大きく大陸合理論とイギリス経験論に分類できます。大陸合理論の代表としてスピノザ（一六三二年―一六七七年）をあげましょう。スピノザはユダヤ教徒であったことから、西洋哲学史の中で「異端的」とも言えるので、大陸合理論の代表としてあげるのには躊躇《ためら》いがないわけではないのですが、スピノザの代表作である『エチカ（倫理学）』が圧倒的に論理的、体系的なのでやはりそうせざるを得ないのです。『エチカ』は全編を通してユークリッド[12]の『原論』[13]を模して、すべての部の冒頭に定義と公理を置いてそこから定理命題を演繹的に証明していくという幾何学形式をとっています。ヴィトゲンシュタインの『論理哲学論考』[14]も似ています。『論理哲学論考』にももちろん構成はあるのですが、スピノザみたいに「幾何学！」という感じはしない。むしろ「箴言《しんげん》（アフォリズム）」形式のような風情です。そういう意味で、スピノザの『エチカ』はもっとも典型的な、そしてほとんど唯一の幾何学形式の哲学書なんです。大陸合理論の典型と呼ぶ理由です。

スピノザはもともとユダヤ教徒なので、旧約（ヘブライ語）聖書を研究していて、『神学政治論』という『聖書学』の本を書いています。「聖書学」といってももちろん現代とは水準が違うのですが、当時としては、かなり聖書を合理的に捉える見方をしたんです。そういう意味でも先駆的な人です。当時は、キリスト教会の権威が強かったので正統教義から外れたことを言うことは命懸けでした。キリスト教徒ににらまれるだけでなく、ユダヤ教徒の共同体からも破門、追放されています。

しかし、そういう当時の教会の捉え方とは違うやり方で、神の人格性というか、神学の恣意性を排除して、当時の歴史的、社会的状況に照らして解釈することで、聖書を合理的に理解しようとしたのです。

一つには大陸合理論の代表的哲学者だということ、もう一つは、ユダヤ人という背景もあって、キリスト教のドグマに囚われず聖書を理性的・合理的に捉えてそこから政治の原

(12)　ユークリッド　紀元前三〇〇年頃に活躍したギリシャの数学者。生没年は不詳。ギリシャ語ではエウクレイデス。アレクサンドリアで活動し、幾何学を体系化した。

(13)　『原論』　ユークリッドが書いた数学書。『ストイケイア』『幾何学原本』とも呼ばれる。平面幾何、数論、立体幾何などを扱い、一三巻からなる。古代ギリシャ数学を集大成し、体系的な理論を確立。その後の数学の発展に大きく影響を与えた。

(14)　『論理哲学論考』　一九二一年に刊行されたヴィトゲンシュタイン前期を代表する著書。言語による世界の構造やあらゆる命題は要素命題の真理関数であることなどが書かれ、ウィーン学団の結成のきっかけとなり、論理実証主義に大きな影響を与えた。のちにヴィトゲンシュタイン自身が批判をしている。

理を導いた、この二点において、スピノザは哲学的に非常に重要だと思います。

スピノザの汎神論はアブラハム的一神教の変奏

スピノザ自身は、当時のユダヤ教の考え方を批判したから、ユダヤ教の共同体からも破門されたし、キリスト教の教会の考え方とも違うからクリスチャンからも認められなくて、レンズを磨いて生計を立てていたという逸話があるぐらいで、生前は不遇でした。要はずっと異端の、無神論者扱いをされて社会的に差別されていたということです。そういうことが問題になる時代だったのです。

彼は異端扱いされていたので、生前に出版した本は数少なかったのですが、死後、その遺稿が出版されて、評価がとても高まります。なんだ、スピノザは無神論者だとみんな言っていたけど、逆にとても敬虔《けいけん》な人間だったんじゃないかという、いわゆる汎神論論争(スピノザ論争)というものが起こって、無神論者どころか「神に酔える人」だった、とも言われるようになります。最終的にはスピノザはタブーではなくなり、彼のスタイルも哲学の一つのジャンルとして認められ、現在でも根強い人気を誇っています。

汎神論という言葉が出てきましたが、どういう意味かというと、自然イコール神、という考え方です。スピノザが言ったことは、「神は存在するが、神と自然は一つだ」ということなんですね。それがスピノザの考え方だと言われています。すべてのものは神の現れである、すべてのものに神が宿っている、ただしその全体が一つの神である、ということなのです。最後の部分が、アニミズムとか八百万《やおよろず》の神のような多神教と違うところです。その意味でスピノザの汎神論は、アブラハム的一神教の一つの変奏だと私は思います。

スピノザの神には人格性がない

スピノザの汎神論とイスラームの考え方の違いですが、汎神論は、人格神という考え方をしないんです。スピノザの神には完全に人格性がない。そこがもっとも大きな違いですね。スピノザの汎神論というのは、のちにイギリスやフランス、ドイツで盛んになる理神論[15]（deism）に繋がっていくわけです。そういう意味では、理神論の始めとも言えます。

神というのは存在するけれども、理性の法則みたいなものなので、そこに人格とか意志を認めると、合理性と対立する、という考え方です。すべてが法則に従って生ずるなら、

（15）　理神論　一七世紀から一八世紀のヨーロッパ啓蒙時代に支持された自然神論。神は世界の創造主ではあるが、創造以後の世界は自動的に動き、神は干渉しないとする考え。よって、奇跡や啓示、預言など超自然的なものを否定する。

あらゆる事象は必然であるということになり、自由が存在する余地はありません。その合理性に反する現象が起こったとすれば、それは神の意志による、ということです。要するに、法則があって、すべてがそれに従って動いていくのだったら、意志というものがそこに介在することもありません。法則と自由、意志は対立する、というのがヨーロッパの基本的な考え方です。それが宇宙のスケールでは神の意志と自然法則の対立となり、人間のスケールでは人間に物理法則から自由な意志があるか、という問題になります。

近代物理学の大成者であるニュートン(16)は敬虔なクリスチャンで、一応神を信じる人間ではありましたが、神というものは世界と法則を創造した最初の一瞬だけ存在すればいい、と考えていました。神による創造の後は、宇宙は物理法則に従って動いていく、という考え方です。一見宗教的でないように思われるかもしれませんが、宇宙の最初には神が存在している、という意味で神は必要なんです。そして法則を創るのも神ですから、ちゃんと神が存在しています。これが理神論の典型的な考えです。そうした理神論を最初に明晰に理論化して述べたのがスピノザだ、とも言えるわけです。

ニュートンの考え方では、神は宇宙を創るし、法則も創るけど、創った後は何もしない。そういう意味では、アリストテレスから繋がっている流れといえるのです。ただ、ニュートンは「最後の魔術師」とも言われていて、オカルティストでもあったので、実は理神論とは別の部分もあったのです。彼の天文学には占星術の名残がありました。現実の人間は、過去のいろいろな矛盾する思想潮流の寄せ集めです。

汎神論はイスラームにとっては無意味

イスラームの考え方からスピノザを見た場合、聖書論には符合する部分が多いですね。旧約聖書の矛盾とか、そういう話をしており、イスラームの観点から見ても、妥当なものが多い。ただスピノザの汎神論、理神論について言うと、イスラームとはまったく違います。イスラームとは前提が違うからです。スピノザの汎神論は、神と世界は一つであって、人間もまた神の属性です。スピノザによると人間の欲求もまた神の属性であり、人は善を欲するのではなく、人が欲するものが善となります。人が欲するものが善であるとはいっ

(16) ニュートン(一六四二年―一七二七年)。イギリスの数学者、物理学者、天文学者。一六六五年ケンブリッジ大学トリニティ・カレッジ卒業。一六六九年ルーカス教授に就任。光のスペクトル分析、万有引力の法則、微積分法を発見したことで知られる。一六八七年に刊行した『プリンキピア』で、万有引力の法則を基礎にした普遍的力学体系を打ち立て、近代自然科学史上もっとも偉大な功績を残した。

ても、スピノザは動物的衝動に身を任せるのではなく、理性を働かせて真理を知ることが徳であるとも述べています。しかし人間が何かを欲するのも、神の力に由来する人間の力の必然の発現なので、人間に自由はありません。

一方、イスラームでは「神（イラーフ）」とは崇拝、服従するものです。善とは人間が欲することではなく、神が人間に欲することであり、神を崇め神が自分に望むことを自ら欲し、神に服従することです。スピノザ的な人格のない自然を「神（イラーフ）」として崇拝して服従することは、イスラーム的に見ると、無意味であり、単に自分の欲望に従う自己神格化でしかありません。

前節で紹介したアブー・バクル・ラーズィーやオマル・ハイヤームのような、啓示、預言者を否定するタイプの哲学者はイスラームの理神論者と言えるかもしれません。ただし、イスラーム哲学者の中では神をあからさまに否定する素朴無神論者がいなかっただけでなく、純粋な理神論者もほとんどいませんでした。カントは神学を啓示神学と合理神学に分け、もっとも抽象的な存在を扱う超越論的神学のみを認める立場を「理神論（deism）」、物理的神学、道徳神学のような自然神学を認める立場を「有神論（theism）」と呼び分けました。イスラーム哲学の主流は、それが成功しているかどうかの評価は別にして、啓示を理性より下に置いたとしても道徳の根拠として神の構造の中に人格を位置づけており、カントの言うところの有神論哲学になります。

中世のユダヤ＝イスラーム哲学者を重要視したシュトラウス

イスラームから見たスピノザ哲学の重要性を語る上で欠かせないのはレオ・シュトラウス（一八九九年―一九七三年）です。シュトラウスはドイツで生まれ、ナチスの迫害を逃れてアメリカに移住したユダヤ系の哲学者で、シカゴ大学などで哲学を講じ、多くの弟子を育てた高名な政治哲学者です。

ユダヤ人としてナチスの迫害を体験したシュトラウスは、ナチスの反ユダヤ主義に対して無力だったことから、スピノザの宗教批判などのヨーロッパの啓蒙主義とリベラリズムの限界を悟りました。シュトラウスは、前近代のユダヤ＝イスラーム哲学の発見により、ファーラービーの「預言者学」に哲学的な知の自立性を守りつつ、それを政治共同体の生活といかに一致させるか、との問題を解く鍵を見出しました。

シュトラウスはまず同じユダヤ人哲学者のマイモニデスを[17]『スピノザの宗教批判』（一九三〇年）と『哲学と律法』（一九三五年）において敬虔なユダヤ教徒、啓示宗教を政治的観点から理解する合理主義者とみなし、マイモニデスがこうした合理主義をファーラービーから受け継いだと考えました。預言者はプラトン的な理想国家を創設しますが、単に哲学的な知を備えているだけでなく、人々の宗教的想像力に働きかけ啓示された律法の形で大衆に教える政治家でもあり、ただのプラトン的な哲学王にとどまるものではありません。自律的な理性によって啓示を否定する近代啓蒙主義とは違い、中世啓蒙主義は政治共同体の法律としての啓示宗教を尊重したのであり、中世のユダヤ＝イスラーム哲学者たちは、理論的な「教師」であるとともに実践的な「指導者」である預言者の下で、哲学的生活と宗教・政治的生活を一致させたと考えたのです。

『哲学と律法』以降シュトラウスは直接ファーラービーの著作を読み込むことにより、啓示宗教の政治的役割という点では、マイモニデスよりもむしろファーラービーの思想がより重要であると考えるようになりました。一九三〇年代後半のこの「ファーラービー的転回」によって、シュトラウスは秘教・密教的な哲学的知に、公教・顕教的な宗教・政治的法律を対置するようになっていきました。

ヒュームの懐疑論とイスラームの偶因論の共通点

イギリス経験論というのは、理性の法則といったものに対して、実際に体験したことだけを信ずる懐疑論になります。合理論的な哲学に対する根源的な批判者ヒュームがその代表です。

法則のようなものは、頭で考えた思い付きでしかなく、実際に存在するのは、ただ目の前を通り過ぎていく事象の連鎖だけである。必然性や法則などというものは観察者がそれに読み込んだ仮定に過ぎない、ということです。ざっくり言えば、単にこれがあってこれがあった、それだけが事実で、そこにストーリーを見出すのは違う、というのがヒュームの考え方ですね。

もともとイスラームもそうで、アリストテレス哲学のように、自然の物の中に法則通りに動く力が宿っている、といった考え方はしないわけです。物事の連鎖はただその順に並んでいるというだけで、それぞれの間に因果関係は存在しないとイスラームもそう考えます。ヒュームに通ずるところがあるわけです。

それぞれの事象は個別に神によって引き起こされる、つまりたとえばマッチを作ったのも神で、火を作ったのも神で、火の熱も神が発生させたから熱い、ということです。それを因果関係として捉えるのではなくて、ただ契機と順番があるだけだ、と考えるわけです。

(17) マイモニデス(一一三五年―一二〇四年)。ユダヤ人の哲学者、神学者、医者。アリストテレス哲学によって、中世ユダヤ教神学の合理的基礎づけを行った。トマス・アクィナスなどのキリスト教神学者に大きな影響を与えた。

これを「偶因論（occasionalism）」と言います。イスラームでは主流派のアシュアリー派[18]とマートリィーディー派[19]も偶因論をとりますが、アリストテレスの自然学、哲学の因果論への詳細な論駁《ろんばく》の書がイブン・タイミーヤの『論理学者たちへの論駁の書（alRadd ʻalā al-Manṭiqīyīn）』です。西欧でもC・A・カーディルの「初期イスラームのアリストテレス論理学批判者イブン・タイミーヤ」（一九六八年）以来、イブン・タイミーヤをヒュームの先駆者として再評価する研究も現れています。

ただしヒュームの宗教に対する立場については、有神論、理神論、不可知論（agnosticism）、無神論（atheism）など、研究者の間で解釈が分かれていますが、イブン・タイミーヤらイスラームの偶因論のように事象の生起を直截《ちょくせつ》に神の創造に帰すことはない点で、神学的にはイスラームとはまったく違ってきます。

(18) アシュアリー派　スンナ派を代表するイスラーム神学の一派。イスラーム神学者のアシュアリー（八七三年―九三五年）が開祖。理性的思弁によって伝統主義的信条を主張。合理主義神学のムウタズィラ派と伝統主義のハンバル派の中間をとる思想。

(19) マートリィーディー派　アシュアリー派と並ぶ、スンナ派イスラーム神学の一派。イスラーム神学者のマートリィーディー（？―九四四年）が開祖。理性主義的立場をとる。

第三章

イスラームと近代哲学

近代哲学は「問いを立てる自分とは何か」を疑う

カントは西洋哲学史上、プラトン、アリストテレスと並ぶ重要性を有する大哲学者です。教科書風に言うと、大陸の合理論とイギリスの経験論を総合し、哲学の主題の存在論から認識論への転換を果たし近代哲学の大成者となった、ということになります。

カントは『純粋理性批判』で、人間の理性は外界に存在するさまざまな「物」を感覚が捉えた刺激を統合して世界像を構成していくのであり、「物」「それ自体」を原理的に知ることはできないことを認めた上で、なぜ人間がその物を認識できるのか、と、その認識の根拠となる理性の構造、形式を明らかにしました。そして『実践理性批判』では、純粋理性によっては証明することができない、神の存在、意志の自由、魂の不滅などが、実践理性によって要請されることを明らかにし、自律的な道徳の本質から「汝の意志の格率が常に同時に普遍的立法の原理として妥当しうるように行為せよ」という「定言命法」を導き出しました。

ヒュームの経験論にもデカルトの合理論にも当てはまるのですが、近代哲学は、世界について問う以前に、なぜ自分に世界が認識できるのか、認識できると思えるのか、そもそも問いを立てる自分とは何か、を疑います。そして認識する自己、という大前提に立ち返った時に、人間が物を認識するのはどこか、ということが問題になります。

認識するのは「心」ではなく「脳」とされたのは比較的最近

実は世界の思想、哲学の流れの中で、認識の座が脳である、となるのは比較的新しいことなのです。もちろん、考えるのに「頭」が必要であることは、どの文明圏でも普遍的に知られています。しかし日本語の「心身二元論」の「心」の漢字は心臓を象《かたど》っており、「心」には臓器の「心臓」の意味もあります。英語でも「ハート（heart）」には「心臓」と「心」の両義があります。興味深いことにアラビア語でも「カルブ（qalb）」には「心臓」と「心」の両方の意味があります。古来より、感情なども含めた広い意味での「認識」は「心」の作用であり、それは脳でなく心臓にあるとの考えが存在しました。現代のように要素主義的に脳に特定され、理性が脳科学の対象となり、唯脳論[1]（養老孟司[2]）のような言葉が生まれるのは最近の現象です。その意味でも、脳の松果体において空間内に延長を有

（1）唯脳論　解剖学者の養老孟司が一九八九年に出版した著書『唯脳論』（青土社）で提唱した思想。言語や意識など、人間のすべての営みは脳の働きを反映したものであるという考え。現代を「脳化した社会」と捉え、脳ブームの発端となった。

（2）養老孟司（一九三七年―）。解剖学者。解剖学と脳科学の観点から、文化や社会、宗教などを幅広く分析した。二〇〇三年に出版した『バカの壁』（新潮新書）が大ベストセラーとなり流行語大賞を受賞するなど、社会現象を巻き起こした。

する物質と場所を占めない精神が相互作用をする、と考えたデカルトが近代哲学の祖と言えるかもしれません。

先日、X（旧Twitter）で、中国の科学者が、人間の頭部の移植手術に成功したという記事を読みました。今までも猿や羊でやってはいたのですが、ついに人間の頭でも成功した、というニュースが出ていました。これは中国においてですら、公式には認められていない手術らしいので、本当かどうかはわからないのですが。そういう移植手術があったとして、その人のアイデンティティはどこに存在するのか、と当然考えるわけですが、脳を移植されたら、移植された脳のほうの意識が本人だという気がします。

心（臓）で捉えているんだ、とされた認識というものが、脳で捉えるんだ、という考え方に変わっていく。そして脳科学の発展に伴って、認識するといっても、結局のところ、物そのものを認識しているのでなく、脳に入ってくる信号を認識しているんだ、それだけだ、という話になったり、あるいは、「物がある」というのは、あくまでも頭の中でそういうふうに構成したものであって、実際に存在するのは脳に入ってくる刺激である、というふうに、カントが哲学的に考えた当時とは違って、現在では誰でも科学的に具体的で詳細なイメージを伴って思い描くことができるようになったわけです。

新カント派的存在がスンナ派の復古改革潮流の理論的基礎に

イスラーム文明では、アッバース朝時代の最初の二世紀（八世紀半ば―一〇世紀半ば）に首都バグダードを中心にカリフたちの庇護の下に、大規模な古代ギリシャ語文献のアラビア語への翻訳がなされ、医学、化学、天文学などの自然学と並んで、プラトンやアリストテレスなどの哲学はイスラーム文明の共有財産になりました。しかしそれ以降、イスラーム文明では西洋の哲学を主体的に知ろうとする動きは途絶えました。西洋列強によって征服され植民地化され、宗主国の言語と教育・学校制度を押し付けられるまで、ムスリム知識人たちはトマス・アクィナスもデカルトもヒュームもカントも知りませんでした。

西洋哲学がムスリム知識人に知られるようになるのは、英領インドで一八七七年に創立されたムハンマダン・アングロ・オリエンタル・カレッジを前身として一九二〇年に改組されたアリーガル大学や、一九〇八年にエジプトに創立され私が哲学科の博士課程を修了したカイロ大学などの西洋式の大学で教えられるようになってからです。それゆえ前近代のイスラーム哲学に古代ギリシャ哲学以降の西洋哲学の影響はありません。

しかし影響はなくとも、西洋哲学との比較が前近代のイスラーム哲学の理解を助けることもあります。後述する井筒俊彦[3]による実存主義[4]（existencialism）との比較によるイブン・アラビー学派[5]の存在一性論の解説がその例です。

筆者は存在（Sein）と当為（Sollen）を峻別《しゅんべつ》する新カント派の法哲学者ハンス・ケルゼン（一八八一年―一九七三年）の『純粋法学』の方法論を援用することで、筆者が専門とするイスラーム法学者イブン・タイミーヤの思想を構造的に理解することが可能になりました。新カント派の存在と当為の峻別はカントの純粋理性と実践理性の適用領域の区別に基づきます。存在と当為の峻別を軸に神学、法学、霊学（スーフィズム）を一つの体系にまとめ上げたのがイブン・タイミーヤでした。イブン・タイミーヤは存在の世界と当為の世界を峻別し、神の意志を生成意志と規範意志に二分します。神の生成意志により宇宙ができあがり、規範意志により聖法が制定されます。そして神の生成意志に則った宇宙のあるがままの姿に満足し、神の規範意志の表現である聖法に帰依することが、信仰の完成となります。

新カント派的「存在と当為の峻別」に基づきイブン・タイミーヤが作り上げたこの教義学体系は、後にサラフィー派（salafiyah）と呼ばれるスンナ派の復古改革潮流の理論的基礎になります。イブン・タイミーヤの著作に学んだムハンマド・イブン・アブドゥルワッハーブ(6)を名祖としサウジアラビア王国の建国の理念となるワッハーブ派が現代のサラフィー派の代表ですが、二〇一四年にシリアとイラクにまたがる領土を実効支配しカリフ制再興を宣言した「イスラーム国」もまたこのサラフィー派の流れを汲《く》む運動です。

(3) 井筒俊彦（一九一四年―一九九三年）。イスラーム学者、言語学者、東洋哲学者。『コーラン』の邦訳者としても知られるイスラーム思想研究の第一人者。慶應義塾大学、カナダ・マックギル大学、イラン王立哲学アカデミーの教授を歴任。卓越した言語能力で三〇以上の言語を操り、東西哲学を統合・体系化した。多くの著書を遺し、〝知の巨人〟として世界的に高く評価された。

(4) 実存主義　人間を合理的・理性的に捉え、普遍的な本質を規定する思想を批判し、具体的な個人の存在や主体性に重きを置いた思想。一九世紀後半のキルケゴールやニーチェが先駆者となり、ヤスパースやハイデガー、サルトルらが発展させた。

(5) イブン・アラビー（一一六五年―一二四〇年）。イスラーム最大の神秘主義思想家。スペイン生まれ。ネオプラトニズムを基にした「存在一性論」という形而上学と神秘的体験が融合された思想を展開した。弟子らによって体系化され、スーフィー教団やペルシャの詩人に影響を与えたほか、一部のシーア派神学にも取り入れられた。

(6) ムハンマド・イブン・アブドゥルワッハーブ（一七〇三年―一七九二年）。スンナ派の法学者、宗教改革者。イブン・タイミーヤに強い影響を受け、クルアーンと預言者のスンナのみを規範とした復古主義、純化主義的な思想を提唱した。ワッハーブ派は有力者であるサウド家に支持され拡大し、第一次ワッハーブ王国の樹立に至り、のちのサウジアラビア王国建国の理念となった。

アラブ世界で哲学が消滅した社会学的要因とは?

カトリックにおけるトマス・アクィナスに匹敵するイスラーム史上最大の神学者と言われるガザーリーが『哲学者の矛盾』を書いて哲学を論駁したことで、アラブ世界では哲学は滅びた、と言われています。[7] ムワッヒド朝で医師、法学者としても活躍したイブン・ルシュド(アヴェロエス)はガザーリーの『哲学者の矛盾』に対する再反論の書『矛盾の矛盾』を著しましたが、受け入れられず、アラブ世界では忘れられます。アラブ世界でイブン・ルシュドが再発見されるのは、西洋による植民地化が始まる一九世紀になってからです。

イブン・ルシュドが活躍したスペインのムワッヒド朝では哲学が異端視され、イブン・ルシュドも晩年に異端として追放されたりもしていますが、処刑されたわけではなく、後に許されてもいます。また彼の哲学の作品は読まれなくなりますが、法学の作品『ムジュタヒドの始まり』は現代に至るまで読み継がれています。そもそもイスラームには教義の決定機関がないので、キリスト教の異端審問のようなことがあったわけではありません。

イブン・ルシュド以降にアラブ世界で哲学が消滅したのも、ガザーリーによって論駁されたから、というのは一因ではあるかもしれませんが、それだけで説明できるわけではありません。後述しますが、イランのシーア派の間では哲学は独自の発展を遂げます。またアラブ世界では哲学は滅びたとはいえ、ファフルッディーン・アッ＝ラーズィー以降、哲学の多くの概念が神学に取り込まれて神学の哲学化も生じています。

アラブ世界における哲学の衰退、消滅はむしろ制度的、社会学的な理由が大きいように思います。つまりどんな学問でも教育機関ができて、組織的にそれを学ぶようになって、カリキュラムができて、それが制度的、経済的に支えられると残っていくし、それ以外のものは滅びるわけです。学問にかぎりません、将棋や囲碁のようなゲームや、茶道や華道のような芸事、剣道や柔道のような武道でもそうです。

ガザーリーが生きたのはちょうど「マドラサ」と呼ばれるイスラームの学校制度が確立した時期でした。もともとイスラームでは、礼拝堂であるモスクの中で礼拝後に聖典クルアーン、法学、神学などが講じられていました。しかし神学、法学などが発展するにつれ

（7）　ムワッヒド朝　一一三〇年から一二六九年まで続いた北アフリカ、スペイン南部を支配したベルベル人のイスラーム王朝。タウヒード（神の唯一性）を重視した厳格なイスラーム改革運動が基盤となった。イブン・ルシュドが医者や法学者として活躍した時代で、文化や学問、経済が著しく発展した。一二一二年、キリスト教スペイン連合軍との戦争「ナバス・デ・トロサの戦い」で敗れ、衰退していった。

て、高名な先生の講義にはイスラーム世界全土から学生が集まるようになり、そういう先生には寄進が集まりモスクにマドラサと呼ばれるイスラーム学校が併設されるようになり、やがて学校には学生寮も作られ、寄進から先生の給料だけでなく、学生への奨学金も支給されるようになります。

マドラサとイスラーム哲学

最初の本格的なマドラサは、九七〇年にファーティマ朝(8)の首都カイロのアズハル・モスクに併設されたアズハル大学でした。アズハル大学は世界最古の大学と呼ばれており、私もエジプト留学中に数か月だけですが在籍したことがあります。アズハル大学では神学、法学、アラビア語学、文法学、論理学などが講じられていました。

実は一〇世紀から一三世紀にかけては、スンナ派にとって内憂外患の危機の時代でもありました。内憂とはエジプト、シリアに秘教的なイスマーイール派の王朝ファーティマ朝ができて、一時はイスラームのマッカ(メッカ)、マディーナの二大聖地も支配下に置きました。また西方ではイランの北西部の地に興ったシーア派のブワイフ朝(9)が成立し、九四五年にはバグダードに入城し、当時は既に政治的実権を失っていたアッバース朝のカリフから将軍に任命されてスンナ派のカリフを傀儡《かいらい》にし、イランとイラクの支配権を握りました。

外に目を転ずると西洋から十字軍（一〇九六年—一二九一年）が襲来し一〇九九年にはエルサレムが占領されました。エルサレムは英雄サラディンの活躍により一一八七年に奪回されましたが、十字軍の脅威も去らないうちに、一二五三年にモンゴル皇帝モンケの勅命で西方遠征司令官に任命されたフレグ(10)によって一二五八年にバグダードが攻略されアッバース朝のカリフが殺害される、という未曽有の事態が生じました。バグダードを征服したフレグはイランに残り一二六〇年にイル・ハン国を建国しましたが、一二九四年にイスラー

（8）ファーティマ朝　九〇九年から一一七一年まで続いたイスラーム教シーア派の一派イスマーイール派の王朝。始祖ウバイド・アッラーフは、ムハンマドの娘ファーティマの子孫と称し、スンナ派アッバース朝カリフに対抗して、自らをカリフとした。北アフリカ・チュニジアから、地中海、シチリアに勢力を広げ、のちにエジプトにも侵攻。パレスチナやシリアも支配した。一一世紀半ば以降、セルジューク朝や十字軍の台頭により衰退した。

（9）ブワイフ朝　九三二年から一〇六二年まで続いたイスラーム教シーア派の王朝。イランとイラクを支配した。十二イマーム派を信奉するブワイフ朝はアッバース朝カリフの権力低下に乗じてバグダードに入城。カリフから大アミールの称号を与えられ、イスラーム法執行の権限が譲渡された。代わりにスンナ派カリフを保護して支配の正統性を確保した。内紛などによって衰退し、一〇六二年セルジューク朝によって滅ぼされた。

ムに改宗していたガザン[11]が翌一二九五年にイル・ハン国の第七代ハン（君主）に就任するとガザンはシーア派に改宗し、イル・ハン国はシーア派国家になりました。

現在スンナ派はムスリム全体の八〜九割を占めていますが、預言者ムハンマドの後継者争いでシーア派の初代イマーム（教主）アリー[12]がスンナ派の初代正統カリフ・アブー・バクル[13]に敗れて以来、スンナ派は常に多数派でした。現在から振り返ると、一〇世紀から一三世紀にかけてのこの時期はスンナ派にとってもっとも危機的な時代でしたが、イスラームにおける哲学の運命が決まるのはこの時期でした。

前述のように、最初の本格的なマドラサはイスマーイール派のファーティマ朝が作ったアズハル大学ですが、秘教主義のイスマーイール派は哲学や天文学（占星術）などギリシャの学問を重視しており、アズハルでは哲学も教えられていました。アズハル大学がイスマーイール派の教義の研究、教育機関として多くの宣教師を養成し、イスラーム世界全体に教義を拡げることに成功しました。こうした状況において、シーア派（十二イマーム派）[14]のブワイフ朝を滅ぼしバグダードのアッバース朝のカリフを解放したセルジューク朝の大宰相ニザームルムルク[15]がスンナ派の復興を図るためにアズハル大学に対抗してスンナ派イスラーム学の教育機関として各地に作ったマドラサがニザーミーヤ学院でした。

ニザーミーヤ学院はイスマーイール派の秘教主義に対抗してスンナ派の正統教義を教え

(10) フレグ　(一二一八年頃—一二六五年)。イル・ハン国、初代の君主(在位一二六〇年—一二六五年)。チンギス＝ハンの孫にあたる。モンゴル帝国第四代皇帝モンケに命じられ、一二五三年から一二六〇年にわたって、西アジアの征服戦争を指揮した。一二五八年、アッバース朝を滅ぼした。

(11) ガザン　ガザン＝ハン(一二七一年—一三〇四年)。イル・ハン国の第七代君主(在位一二九五年—一三〇四年)。一二九五年の即位後すぐにイスラーム教シーア派に改宗。イスラーム教を国教とした。学問・芸術を勧奨して、イラン・イスラーム文化を繁栄させた。

(12) 初代イマーム(教主)アリー　(六〇〇年頃—六六一年)。イスラーム教第四代正統カリフ(在位六五六年—六六一年)およびシーア派の初代イマーム。預言者ムハンマドのいとこで、ムハンマドの娘ファーティマを妻とした。第三代カリフ・ウスマーンの暗殺後、第四代カリフに選出されるも、反対派に暗殺された。アリー暗殺後、カリフはウマイヤ家に世襲されることとなったが、それに反対し、アリーの子孫のみが最高指導者(イマーム)であると主張する人々が出現し、それがシーア派となった。

(13) 初代正統カリフ・アブー・バクル　(五七三年頃—六三四年)。初代正統カリフ(在位六三二年—六三四年)。預言者ムハンマドの古い友人で、ムハンマドの妻アイーシャの父。もっとも古い信者の一人とされ、ムハンマドの死後に後継者となった。アラブ部族の離反を討伐し、イランやイラクなどを征服した。

るために作られたマドラサであったため、法学や神学やアラビア語学などが重視され、「異端的」シーア派の教義は言うまでもなく、ギリシャの哲学や自然学なども教えられませんでした。

西方スンナ派アラブ世界ではイブン・ルシュドを最後に哲学は忘れられます。エジプトではファーティマ朝が建てたアズハル大学では哲学が教えられていましたが、対十字軍の英雄サラディンが一一七一年にファーティマ朝を滅ぼすと、スンナ派のサラディンはシーア派の宣教教育機関だったアズハル大学からシーア派教学だけでなく哲学も追放し、アラブ世界で哲学が教えられる場はなくなったのでした。

なぜ哲学はマドラサ制度に組み込まれなかったのか

イスラーム哲学がダメになった理由の一つに、このマドラサ制度の中でカリキュラムに組み込まれなかったことがあります。科目としてカリキュラムに組み込まれることで、マドラサから給与を支払われる常設の哲学教授のポストが生まれ、イブン・スィーナーやイブン・ルシュドのような大哲学者がいなくても、講義を誰でも受け持てるように標準化され、学問の継続性が保証されます。西洋の学問、科学が発達したのは、大学から始まり初等中等高等教育が制度化され標準化されたことで、大衆化したからです。

哲学がなぜマドラサ制度に組み込まれなかったかと言えば、突き詰めれば需要の問題です。ただ勉強して面白い、では先細りです。身も蓋もありませんが、お金にならないとダメなわけです。法学や神学などは、需要があるわけです。それでお金を出す人も、みんな競って出すわけです。残念ながら日本では需要がないので、誰も出してくれないですけれども（笑）。

需要があるというのは、イスラーム社会では、モスクでの礼拝の仕方や、ラマダーン月の断食の仕方だけでなく、結婚契約の結び方、離婚の仕方、葬式のやり方に至るまで、イスラーム法に従って行われるからです。だから大学で専門的にイスラーム学を学ぶわけです。

(14) セルジューク朝　一〇三八年から一一九四年まで続いたトルコ系イスラーム王朝。アラル海北方から西アジアに入り、イスラーム教に改宗。一〇五五年バグダードに入城してブワイフ朝を滅ぼし、アッバース朝カリフから保護者としてスルタンの称号を受けた。小アジアやシリア、パレスチナに進出してビザンツ帝国（東ローマ帝国）を脅かし、十字軍遠征のきっかけともなった。内紛やカラ＝キタイ（西遼）の侵略などで混乱が起き滅亡した。

(15) ニザームルムルク　（一〇一八年—一〇九二年）。セルジューク朝第二代、三代スルタンの宰相として実権を握った。ニザーミーヤ学院開設のほか、イクター制の拡充など様々な政治改革を行い、スンナ派復興に尽力した。

はない一般民衆も、礼拝をしにモスクに来た後で、モスクの導師に相談したり、クルアーンなどを教えてもらったりします。そのため、知識人にしかわからない哲学と違って、神学や法学を学べば、どの町内にもあるモスクの導師や、モスク付属の寺子屋（クッターブ）の先生の職などで「食い扶持《ぶち》」にありつけるわけです。

小学校で法学を習うイスラーム

イスラーム世界では、一般のイスラーム教徒は、イスラームを勉強した人のことを、自分の代わりに勉強してくれている、と考えます。だからマドラサで勉強しようという学生に寮を作り奨学金を出すのです。またイスラーム法は社会規範でもあるので、法学を専門的に学ぶと裁判官にもなれます。神学や法学の高等教育を受けた者は、大学教授や裁判官、法務大臣にもなれるのです。

だからマドラサの中で一番需要があるのは法学です。「これはハラール（合法）か？ハラーム（不法）か？」などという科目が一番需要があります。最近では食品のハラール証明、ハラール・ビジネスなどというものが日本にも入ってきているので、読者の皆さんも「ハラール」という言葉は聞いたことがあるかもしれません。

イスラーム世界では人々の法学の理解度が非常に高いのです。逆に、西洋は法学に弱い。

日本も、法律なんか何にもわかっていない。そもそも義務教育に法学という科目がない。殺人罪、窃盗罪さえ知らないわけです。法学部に進学する者以外は大学の一般教養でちょっと習うだけですよね？ イスラーム世界では小学校からやっているわけですからね。

法学と神学と道徳、道徳はスーフィズムと言い換えてもいいですが、この三つがイスラーム教育の基本科目なのです。それを小学校から学ぶ。小学校中学校レベルから、意味がわからなくても、まずは短い古典から丸暗記していくのです。昔の日本の寺子屋で『論語』を勉強するようなイメージです。その後に、中学校や高校に行くと、注釈書を読んではじめて意味を学んでいく。そういう教育なのです。だから、みんな法学を学んでいるわけです。小学生の時からです。

医者よりも法学者のほうが重要

日本の法律と違って、イスラーム教徒にとってイスラーム法というのは、それがないと生きていけないものです。もちろん、神学のほうが大切だ、と言う人もいますが、生活と法の宗教であるイスラームでは、頭の中の信仰だけに関わる神学より、生活一般に関わる法学のほうが重要なのです。

法学が大切なのは、イスラームの考え方によれば、それによって現世と来世の幸せが全部決まるからです。だから法学者のほうが医者や農民よりも重要だ、ということになります。食べ物がなくても、この世で死ぬだけですからね。イスラーム法ではこれは義務である、これは義務じゃないけどやったほうがいいことだ、とか、そういうことも全部決まっていて、それは聖典にどういう根拠があってそう言えるのか、という議論を子どもの頃からずっとやっているんですね。だからイスラーム教徒は善悪の根拠を誰でもみんなで議論ができるわけです。

それに比べると、日本や欧米の法や道徳の議論は、延々ともっともらしいことを言っていても、結局のところ、全部個人的な好き嫌いの話に過ぎない、としか思えないわけです。あなたがそう思っているだけでしょ、ということです。法や道徳に限らず哲学でも政治でも、すべて同じで、自分がそれが好きだという以外は何も根拠がないわけです。ただ勝手にみんなが趣味の話をしているだけですから、あなたが何が好きでも構わないけど、それを他人に押し付けるな、としか言いようがありません。趣味が合う者同士でなら、何を言っても構いませんが、趣味が違う人間にはまったく通じないことがわからないのが困るのです。

欧米人の問題点は、自分の考えに自信がないから、他の人も賛成してくれないと安心できないので、無理やり他人にも押し付けようとすることです。世界人権宣言とか、何を宣言しようと勝手ですが、これはみんなで決めたことだ、と言われても、私はそんなこと決めた覚えはない、と言うしかありません。彼らと話をしていると、いちいちこんなくだらないやりとりをまた繰り返さなければならないのか、と、鬱陶《うっとう》しくて仕方がないですね。

なぜ、マルクス、ニーチェ、フロイトなのか

前置きが長くなりましたが、近代の話に入りましょう。

近代の幕開けはカントに始まり、カントを批判したヘーゲル(一七七〇年―一八三一年)へと話を進めるのが、西欧哲学史の常道ですが、ヘーゲルはその弁証法がマルクス(一八一八年―一八八三年)の唯物史観の理論的基礎になった、ということを指摘するにとどめ、現代に直接繋がる近代哲学の三人の大思想家マルクス、ニーチェ、フロイト(一八五六年―一九三九年)の哲学史上の位置づけを確認し、イスラームの立場との異同を明らかにしていきます。

近代哲学を扱う章でこの三人の哲学者を取り上げるのは、素朴に理性を信頼した啓蒙主義の時代であった近世に対して、理性から隠された人間を衝き動かす真の動因を明らかにしたという点で重要だからです。単に「懐疑の三巨匠」と呼ばれることもあります。

ガリレオ[16]、ダーウィン[17]、フロイト、の三人を取り上げる場合もあります。その三人を取

り上げる場合には、ルネサンス以来の人間中心主義を覆した、という理由からです。まずガリレオによって太陽が地球の周りを回っているのではなく、地球が太陽の周りを回っていることが証明され、地球は宇宙の中心ではないことが明らかになりました。現在では太陽でさえ天の川銀河の約一〇〇〇億個の恒星の一つでしかなく、宇宙には数百億のそのような銀河があると考えられています。

それからダーウィンによって、人間は神が自らの手で造った特別な被造物ではなく、下等生物から進化し最近になって猿と分化した一動物でしかないことになりました。人間から生物の中での特権的な地位が剝《は》ぎ取られてしまったのです。現在では細菌から人間まですべての生物がＤＮＡ情報によって作られており、ＤＮＡ解析によると人間とチンパンジーのＤＮＡの約九九％は一致しているばかりでなく、バナナでさえ六〇％が共通することが明らかになっています。

そして最後がフロイトです。デカルトによると、空間の中に延長を有する物質としての身体を持つ人間は宇宙の中の他のすべてのものと同様の物質だけれども、ただそれだけではなく、他のものにはない精神というものがあって、それは人間だけが持っている、ということです。それがまさに「我思う、ゆえに我あり」におけるエゴ（我）なわけです。それが人間の本性であって、それゆえに人間は宇宙の中にありながら、宇宙を超えてある、と。デカルトは思惟する精神であるエゴの存在によって人間の特権的地位を確保しようとしたわけです。ところがこのエゴさえも、意識下に抑圧された無意識の欲動によって実は支配されている、エゴは無意識の表層に過ぎないとして、理性的存在としてのエゴを「人間自身」の中心から追放したのが、無意識を発見したフロイトだったのです。今日の脳科学の知見によると、理性的思考を司る前頭前野は脳の中で系統発生的にもっとも遅く発達した分野であり、脳全体の約三〇％を占めるに過ぎません。

人間中心主義、啓蒙主義的理性の否定者としてはガリレオ、ダーウィン、あるいはマルクス、ニーチェ、フロイトの三人をあげるのが通例ですが、哲学史としては、マルクス、

(16) ガリレオ　ガリレオ・ガリレイ（一五六四年―一六四二年）。イタリアの物理学者、天文学者。近代科学の創始者で、「近代科学の父」と言われる。振子の等時性や慣性・落体の法則を発見。自作した望遠鏡で天体を観測し、木星の衛星や太陽の黒点などを発見。コペルニクスの地動説を認めたため異端とされ、宗教裁判にかけられた。

(17) ダーウィン　チャールズ・ロバート・ダーウィン（一八〇九年―一八八二年）。イギリスの博物学者。一八三一年からイギリス海軍の測量船に乗船し、南半球の動植物、地質を研究。一八五八年適者生存、自然淘汰説を発表し、一八五九年『種の起源』を刊行。これらの学説はダーウィニズムと呼ばれ、自然科学、人文科学に大きな影響を与えた。

ニーチェ、フロイトをこの順で論ずるのが良いでしょう。

無神論のマルクス主義がイスラームで流行した訳

マルクスの哲学、無神論などについては後ほど触れることにして、先にいわゆるマルクス主義経済学とイスラーム世界の関係について述べます。

イスラーム世界でも一時期マルクスが流行った時期がありました。たとえばイラン・イスラーム革命の指導者のホメイニ師[18]にしても、革命前は共産主義的だと言われていました。当時はまだ、イスラームが政治的脅威だとは思われていなかったので、まさかイランでイスラーム革命が起こるとは、イラン皇帝ムハンマド・レザー・シャー[19]も含めて、誰しも思っていませんでした。革命が起こるとすれば、共産主義だと思っていたからです。ホメイニ師と並ぶ高位聖職者のタレガニ師[20]は「赤いモッラー（坊主）」とまで呼ばれていました。もちろん「赤」は共産主義のシンボルカラーです。イランだけではありません。当時はイスラーム世界全体でマルクス主義は非常に影響力が強く、エジプト、シリア、イラク、リビアやインドネシアなどイスラーム世界の各地で、マルクスとイスラームを融合しようという試みが流行りだったのです。

イランは歴史的にロシアと隣国であり、カージャール朝[21]の時代、一九世紀にロシアの南

(18) ホメイニ師　アーヤトッラー・ルーホッラー・ホメイニ（一九〇二年―一九八九年）。イランのイスラーム教シーア派十二イマーム派の指導者。一九六三年にパフラビー皇帝の近代化政策に反発し、逮捕。翌年に亡命。その後土地を転々としながらも、反王制運動を展開。一九七九年のイラン・イスラーム革命の指導者となった。革命により成立したイラン・イスラーム共和国の最高指導者となり、約一〇年にわたって、徹底したイスラーム回帰を主張した政教一致の政治を展開した。

(19) ムハンマド・レザー・シャー　（一九一九年―一九八〇年）。イラン・パフラビー王朝の第二代皇帝（在位一九四一年―一九七九年）。一九六〇年代にイランの近代化、西欧化を進める「白色革命」を行ったが、強い反発にあい、一九七九年のイラン革命によって出国した。

(20) タレガニ師　マフムード・タレガニ（一九一一年―一九七九年）。ホメイニ師と同時代に活躍したイランのイスラーム教シーア派十二イマーム派の宗教指導者。シーア派とマルクス主義を融合させた聖職者として知られる。パフラビー政権に対する反政府運動を展開し、何度も投獄された。一九六一年にイラン解放運動を組織し、イラン革命ではウラマーのリーダーとして指導的役割を果たした。

(21) カージャール朝　一七七九年から一九二五年まで続いたイランのトルコ系イスラーム王朝。一七七九年、シーア派のアーガー・ムハンマドがザンド朝を滅ぼしてイランを統一。首都はテヘラン。一九世紀にロシアやイギリスの侵略によって衰退し、一九二五年ムハンマド・レザー・シャーによって滅ぼされた。

下政策が激しくなると、一八〇四年から一八一三年の第一次イラン＝ロシア戦争でアゼルバイジャン北部を奪われ（ゴレスターン条約）、一八二六年から一八二八年の第二次イラン＝ロシア戦争でアルメニアを奪われました（トルコマンチャーイ条約）。

ドイツ帝国のヴィルヘルム二世[22]（在位一八八八年―一九一八年）の3B政策[23]による中東進出の脅威に対してイギリスとロシアは一九〇七年に英露協商[24]を結びイランにおける勢力圏を定めましたが、第一次世界大戦がはじまるとロシア軍とイギリス軍はイランに進駐し分割占領しました。

ソ連邦の成立後には第二次世界大戦中にソ連軍はイラン領の南アゼルバイジャンに進駐しアゼルバイジャン自治共和国とクルディスタン自治共和国を建国させましたが、国連の反対によりソ連軍が撤退すると両自治共和国は崩壊しました。

どういう理屈で無神論のマルクス主義とイスラームが融合できるのかというと、ずいぶん大雑把な議論です。社会正義とか、イスラームには共有の思想というのが実はあった、とかその程度の話です。特に、イスラーム世界は、全部植民地だったので、抑圧されていました。帝国主義列強に対する解放の議論として、経済だったらマルクス主義がメインだったというわけです。

「西洋化」としてのマルクス主義

マルクス主義というと、反欧米と見られがちです。しかしそれはマルクス主義を欧米の自由民主主義や資本主義と対立する異質な思想とみなす東西冷戦思考によるイデオロギー的歪曲《わいきょく》です。マルクスはドイツに生まれイェーナ大学で「デモクリトスの自然哲学とエピ

(22) ヴィルヘルム二世　(一八五九年―一九四一年)。ドイツ皇帝、プロイセン王(在位一八八八年―一九一八年)。即位後にビスマルクを退任させ、積極的な対外進出「世界政策」を推し進める。しかし、ロシア、イギリス、フランスとの対立を招き、第一次世界大戦を引き起こす要因を作った。

(23) 3B政策　一九世紀末から第一次世界大戦まで、ドイツがとった中近東進出政策。3Bとは、ベルリン、ビザンチウム、バグダードの頭文字をとったもので、ドイツはこの三都市を経由する鉄道を敷設し、その間の地域を支配下に置こうとした。イギリスの3C政策やロシアの南下政策と対立し、第一次世界大戦の大きな要因となった。

(24) 英露協商　一九〇七年、イギリスとロシアが、ペルシャ、アフガニスタン、チベットの利害を調整した条約。中東方面に進出してきたドイツと日露戦争後の極東の情勢変化に対応するため、ロシアとイギリスは対立を解消し、その利害を調整した。その結果、露仏同盟、英仏協商と合わせて三国協商が成立し、第一次世界大戦の原因となった。

クロスの自然哲学の差異」で博士号を取り、イギリスで活躍した紛れもない西洋の哲学者であり、マルクスの思想は純粋な西洋哲学です。

ロシアは東欧の正教文明に属しましたが、ピョートル大帝以来、西洋化による近代化の道を歩み帝国主義列強の仲間入りをしました。サン＝シモン[25]、フーリエ[26]、オウエン[27]らの「空想的社会主義[28]」に対して自らを「科学的社会主義」と称したマルクス主義を、ロシアは最新の西洋思想として受容したのでした。近代化においてロシアに後れを取り、ロシアに次々と領土を奪われていったトルコ（オスマン帝国）、イラン（サファヴィー朝、カージャール朝、パフラビー朝）などは、西洋化・近代化のモデルとして、ロシアの影響を受けており、ソ連の成立後はマルクス主義を近代化イデオロギーの有力な候補とみなすようになったのでした。

二〇世紀のアジア・アフリカ諸国には、西洋化による近代化において、資本主義とマルクス主義の二つのモデルがあったわけです。日本は欧米にならって資本主義による富国強兵政策で近代化を進め日露戦争で勝利し列強の仲間入りをしましたが、日露戦争に敗北し第一次世界大戦に耐えられず革命で帝政が崩壊したロシアはマルクス主義を受け入れて、近代化を進め、第二次世界大戦でドイツに勝利するとアメリカに次ぐ科学先進国になりました。そして近代化を果たし、それに中国が続きました。

アジア・アフリカの西洋化・近代化のモデルとして、資本主義とマルクス主義がありました。日本や中国もそうで、イスラーム世界でも同じでした。日本でも幕末に開国派と攘《じょう》夷《い》派が争い、開国派が勝って西洋化による近代化の道を歩んだように、イスラーム世界で

(25) サン＝シモン（一七六〇年―一八二五年）。フランスの空想的社会主義者。フランス貴族として生まれる。実証的科学に基づく社会の再編成を提言した。産業階級を第一階級とするのが理想の社会だと主張し、フランス産業革命や社会主義運動に影響を与えた。

(26) フーリエ　シャルル・フーリエ（一七七二年―一八三七年）。空想的社会主義者。農業を中心とする協同組合社会、ファランステールの建設を主張。「情念引力の理論」による宇宙論、社会進化論を展開し、ユートピア的世界を構想した。

(27) オウエン　ロバート・オウエン（一七七一年―一八五八年）。サン＝シモン、フーリエとともに空想的社会主義の代表的人物とされる。社会環境の改善によってより良い性格が形成され、それによって理想的な社会を実現できると主張した。協同組合を組織し、労働組合運動の先駆者となった。

(28) 空想的社会主義　エンゲルスがマルクス主義と対比させて規定した一九世紀初頭の社会主義。近代社会主義思想の始まりとされる。理想的な共産主義的社会を示す一方で、それを実現するための現実的な方法を提示しなかったため、「空想的」と批判された。

も、トルコやイランが西洋化による近代化を模索しました。つまりトルコやイランでも、日本の脱亜入欧のように、イスラームを捨て西洋のように世俗化しようという流れが優勢になったのでした。その中でマルクス主義が西洋化の最先端だと思われていた時期があったわけです。ロシアもそうでした。近代化のためにマルクス主義を西洋思想として取り入れたのであって、中国共産党も同じで、アンチ西洋だと思われていますが、実はそうではなくて、反対していたのはあくまでも資本主義、帝国主義に対してであって、西洋自体に対してではありませんでした。少なくとも主観的にはそうでした。ロシアや中国の共産化は西洋化だったのです。

私のようなイスラーム教徒から見れば、その意味で、現在中国の共産党がやっていることも、アメリカのやっていることも五十歩百歩で、どちらも自分たちの考えを他人に押し付ける、中世のカトリックと同じ押し付けがましい全体主義でしかありません。自分たちではお互い正反対だと思っていますが、正反対とはいっても実は合わせ鏡のように向きこそ違えやっていることはそっくりなのです。とはいえ、五十歩と百歩の違いは大きいと言えば大きいので、選ぶとすれば害の少ない五十歩を選ぶほうがいいとは思いますが。

一〇〇万人以上の国民を粛清したカンボジアのクメール・ルージュ(29)の指導者ポル・ポト(30)もフランス留学帰りで、結局西洋は全体主義なんです。「自由！　自由！」と声高に叫んではいても、西洋の「自由主義」というのは、「みんな自由だと俺たちみんなが言っているのだから、お前たちもそうじゃなければいけない」と自分の考えを他人に押し付けることでしかありません。

ヘーゲルから「アジア的停滞」の歴史観を受け継いだマルクス

マルクス自身はほとんどイスラームに言及していません。彼はオスマン帝国が滅びる時期に生きました。オスマン帝国が最終的に滅びるのは一九二三年で、マルクスは一八八三年没ですからオスマン帝国の滅亡は見ていません。しかしオスマン帝国は、ロシア皇帝ニ

(29) クメール・ルージュ　かつてカンボジアに存在した反政府勢力。「赤いクメール（カンボジア人）」を意味する。特にポル・ポトを中心とした派閥を指す。一九七六年に民主カンボジア政府を樹立し、反対派をはじめ一〇〇万人以上の国民を大量虐殺した。ポル・ポトが死去したのちに消滅。

(30) ポル・ポト　(一九二八年頃―一九九八年)。カンボジアの政治家、共産主義者。クメール・ルージュの中心的指導者として大量虐殺をはじめとする過激な共産主義革命を行った。一九六〇年カンボジア共産党を設立。一九七六年から一九七九年まで首相を務めたが、国際的批判にさらされ辞任。一九九七年に人民裁判で終身刑を言い渡されるも、一九九八年に突然死した。

コライ一世[31]から「ヨーロッパの瀕死の病人」と揶揄《やゆ》されており、ちょうどタンジマート期と呼ばれる一八三九年のギュルハネ勅令発布[32]から一八七六年のオスマン帝国憲法（通称「ミドハト憲法[33]」）制定に至るまでの西洋化・近代化の時期にあたっていたので、マルクスは西洋化・近代化するのが唯物史観的にも歴史的必然と思い込んで、特に注意を払っていなかったのでしょう。

マルクスの唯物史観形成に大きな影響を与えたのはヘーゲルでした。ヘーゲルは世界史が絶対精神の自己展開の歴史だという妄想に取りつかれていました。ヘーゲルは「東洋人は、一人が自由だと知るだけであり、ギリシャとローマの世界は特定の人々が自由だと知り、わたしたちゲルマン人はすべての人間は人間それ自身として自由だと知っている」と言いました。「東洋人は、一人が自由」とは、皇帝の絶対権力の下で臣民はすべて奴隷、ということであり、「ギリシャとローマの世界は特定の人々が自由」とは、貴族と平民が奴隷を支配する奴隷制社会を意味し、民会を有するゲルマン人こそが自由人だと考えたわけです。

ヘーゲルは、絶対精神は東から西へ展開すると考えていました。東洋人は専制主義に毒されており、市民革命も近代化も不可能だと考えていました。いわゆる「アジア的停滞」です。東洋の中でも中国、インド、ペルシャ、イスラーム圏と文明は西漸《せいぜん》しますが、イスラーム世界は最初は文化が高かったが、時期尚早であったためにすぐに堕落と狂信に陥ってしまいました。マルクスはヘーゲルから、この東洋的専制、アジア的停滞の歴史観を受

(31) ニコライ一世 (一七九六年―一八五五年)。ロマノフ朝第一一代ロシア皇帝 (在位一八二五年―一八五五年)。兄であるアレクサンドル一世の急死後、即位した。即位後すぐにデカブリストの乱が勃発するも鎮圧。一九四八年から一九四九年に起きたハンガリーの革命を鎮圧するなど「ヨーロッパの憲兵」として活躍した。一八五三年、南下政策を推し進めクリミア戦争を起こしたが、敗戦が決定的となるなか病死した。

(32) ギュルハネ勅令発布 一八三九年、オスマン帝国第三一代スルタン、アブドゥルメジト一世(在位一八三九年―一八六一年)による近代化改革勅令。この改革は「タンジマート」の名称で知られる。一八世紀末以降、ヨーロッパ各国の軍事的侵略や少数派民族の独立運動などによって衰退していったオスマン帝国は、宗教国家から西欧的な近代国家への転換をはかった。内容は、国民の生命、財産、名誉の保障や徴税制度の改革など多岐にわたった。

(33) オスマン帝国憲法 (通称「ミドハト憲法」) 一八七六年、オスマン帝国宰相ミドハト・パシャが中心となって起草したオスマン帝国初の憲法。第三四代スルタンのアブドゥル・ハミト二世(在位一八七六年―一九〇九年)が発布した。ヨーロッパ諸国の干渉に対抗する手段として、さらなる近代化をはかるために制定された。二院制議会の開設などを定めたが、翌年の露土戦争がきっかけとなり停止された。

け継いだのでした。

マルクス主義とイスラーム思想の隙間を埋めるロダンソン

マルクスがあまりイスラームについて言及していないのはヘーゲルの影響だと思います。それを埋めようとしたのが、マクシム・ロダンソンというフランスの学者です。『イスラームと資本主義』（山内昶訳、岩波書店、一九七八年、原著は一九六六年）という著作で知られるロダンソンはムスリムではなく、マルクス主義者でした。ロダンソンはマルクス思想として、マルクスにはなかった、イスラーム主義の問題をウェーバーに対する批判という形で示しました。

ロダンソンは一九一五年パリに生まれ、社会学者、オリエント学者としての基礎を確立し、兵役でシリアに派遣されました。その後もレバノンやベイルートに長年滞留し、度々オリエント諸方を旅しました。一九三七年以降共産党員でしたが、一九五八年には党のスターリン主義を批判して脱党しました。その間数多くの良質な論文を発表しています。

ロダンソンは同書で「イデオロギーとしてのイスラーム教こそがイスラーム諸国の経済的後進性の原因である」という神話を解体しようと試みています。また同様に、最終的にスターリン主義に行き着いたマルクス主義の神話をも事実に基づいて破壊しようと試みています。

その意味で同書はマルクス主義本来の創造性の復権を目指してフランスで一斉に花開いた流れを汲むものであると評価されています。

マルクスの共産主義は理論ではなく正義感によるもの

マルクスは、最終的には共産主義という天国になると主張しているわけですから、最終戦争的な世界観もイスラームと共有しています。もっともマルクス自身は詳しく論じていません。具体的な話になるのは、ロシア・マルクス主義のレーニン(34)の『帝国主義論』(35)になります。ではなぜマルクスは無神論になったのかというと、私は大した論理はないと思います。「だって、神なんて見たことないもん」というだけなような気がします。もちろん、

(34)　レーニン（一八七〇年―一九二四年）。ロシアの社会主義革命家、政治家、ソ連共産党の創設者。学生時代より革命運動に参加。一九〇〇年スイスに亡命。一九〇三年、ロシア社会民主労働党の第二回大会でボリシェビキを形成した。一九〇五年、第一次ロシア革命時に革命を指導するも、革命敗北後に再び亡命。一九一七年二月革命後に帰国して十月革命の成功を導き、世界初の社会主義国家を樹立させた。一九一九年にコミンテルン（第三インターナショナル）を創立し、国際革命運動を指導した。

彼自身はそんなことは言っていませんが。

なぜマルクスが『共産党宣言』を書いたのか、と言えば、理論的、学問的にそうなった、というのではなく、やむにやまれぬ熱情によるものだったと思います。当時のイギリスの労働環境があまりにもひどかった。特に児童労働が悲惨でした。どう考えてもこれはおかしい、ということです。無神論というよりも、観念論に対する批判ですよね。宗教は、どんなに貧乏で仕事が過酷で生活が苦しくても、神の試練だから耐えなさい、そうすれば死後に天国に入れる、と言う。世の中の問題の大半は「気の持ちよう」でなんとかなる、というのは一面の真理ですが、「心頭滅却すれば火もまた涼し」とか言われても、結局はやっぱり焼け死んでしまうわけです。当時の現実はあまりにもひどいじゃないか、ということが実感としてあったのでしょう。実際本当にひどかったみたいですからね。一日一八時間労働とか。まぁ、私が自分で調べたわけではなく、内田樹先生の受け売りですが。

今の子どもも学校に行きたくないと思っている子が多いでしょう。私も嫌で仕方ありませんでした。それでも、炭鉱の中で夜も昼もなく石炭を掘らされることを考えると、今の学校がいくらひどくても、大したことはありません。良いとか悪いとか、ひどいとかましだとかは、相対的なもので、それぞれの社会状況に依るのでしょうが。それでも「ものには限度というものがある」ということです。

ですから、マルクスの共産主義は、基本的には理論的なものというより、一種の正義感から出てきたものだと私は思います。逆に、だからこそマルクスは偉かったのですが……哲学者としてはダメでした。唯物史観が本当に法則だったなら、どうして「あれは良い」「これは悪い」「あれをやれ」「これはやるな」と言うのでしょう。放っておけばいいわけですよ。鉄のダンベルを持っていれば、手を離しさえすれば引力の法則に従って下に落ちます。無理に地面に叩きつける必要などありません。またたとえ手を離さず下に落ちなかったとしても、引力の法則が破られたわけではありません。ただダンベルを支えるために引力と逆の力がかかっている、というだけの話です。

唯物論を突き詰めると唯心論になる

マルクスの哲学といえば、まず唯物論です。唯物論を簡単に言ってしまえば、精神も物の産物である、すべては物で説明できるという考え方です。だから、経済が思想の土台に

(35)『帝国主義論』一九一七年に発表されたレーニンの著作。帝国主義は自由競争によって生み出される独占資本主義が発展したものであって、これらは資本主義の最終段階であり、社会主義にとって代わられるものだと説いた。

ある。それまでは、特にヘーゲルが典型ですが、思想のほうが「物」を動かしている、と考えていました。ヘーゲルの場合は、考えるものは人間ですらなくて絶対精神という訳のわからないものです。「神」と言えば、それで済む話なのですが。その絶対精神の思惟によって、物質世界が動かされている、という考え方です。でも、そんなことだったら、わざわざマルクスに言われなくても、昔から誰でも知っていると言えば知っているわけですよね。

私は、徹底的に唯物論的に考えると唯心論になると考えています。ヴィトゲンシュタインなんかもそうですが、完全に独我論になってしまいます。心と物質の区別がつかない、ということです。そっちのほうが、私は、徹底していて好きですね。結局、「すべては物質だ」と考えている精神しかない、という。精神しかないのだけれど、精神の中には物質がある。しかしその精神は精神の中にある物質に対して否定的である。「物質」といっても、私の心の中にある「物質」に過ぎない、ということです。

そもそも、「物質」というもの自体が「物質」という言葉でしかないわけだから、我々が「物質」と言っているもの自体が、頭の中にしかないということです。それ以外のものはどこにもありません。カントが言ったことでしたね。その意味で、マルクスはカントを超えられないと私は思っています。ただ言葉しかない、これ自体も言葉ですので、そこで言っている言葉も、自分の中の言葉、自分の中には含まれています。世界とは自己なのですが、同時に世界とは世界から自己を引いたものでもあります。だから自己は存在しないとも、自己しか存在しないとも言えます。どちらでも同じことなのです。

本当に物しかなければ唯物論を唱える必要はない

そうだとすれば「世界とは何か」というと、カント的な意味で、自分が知り得るものは、すべて自分の中の脳に入ってきた情報とか、そういったものですよね。私が「世界」と呼んでいるものは、私でしかないわけです。だから、世界=自己であれば、何も存在しない、ということになります。そういう話であって、唯物論を突き詰めていくと、こうなるのです。自分しかいない、と言っていれば、そこで言う自分とは世界と同じだから、その中にはここで文章を打っているパソコンも含まれているわけですけど、結局同じことなのです。自己に二つの意味を持たせているからです。ヴィトゲンシュタイン的には、もともとその自己がゼロなんです。世界しかない、というわけです。だから、どっちからでも同じことなのです。世界しかないと言うのも、自分しかいないと言うのも同じ主張をしていて、どちらも無意味な主張をしているのです。唯物論は、世界しかないということですよね。物しかない、物の世界しかない、ということです。物の世界というのは、実は脳の中の刺激だけである、そして唯物論によると脳の刺激が心ですから、結局のところ唯物論と唯心論とは同じなのです。

私の中ではもう結論は出ていて、それから先は考える意味がないと思っています。その意味では、マルクスは中途半端です。唯物論ということで、そもそも物と心を分けているという点で中途半端なのです。本当に物しかなければ、わざわざ唯物論など唱える必要もありません。そういう話には意味がありません。

フランクフルト学派が説いた「疎外論・物象化論＝偶像破壊論」

マルクスの疎外論[36]、物象化論[37]というのは煎じ詰めれば偶像破壊論なのです。欲望が生み出した幻想が外界に実在するという虚偽意識が生まれてしまいます。それは間違いであれ、その幻想を暴かなければいけない、ということです。これも別に私の独創ではなく、フランクフルト学派が言っていることです。特に、エーリッヒ・フロム（一九〇〇年―一九八〇年）の著書『ユダヤ教の人間観―旧約聖書を読む』（飯坂良明訳、河出書房新社、一九八〇年、原著は一九六六年）が重要です。

マルクスの疎外論、物象化論とは虚偽意識の問題ということになります。フロムはフロイトの精神分析の手法を用いて、無意識における歪みを明らかにすることで、物象化のメカニズムを解明しました。つまり人間の利益ではなく支配階級の利益、個人の超自我でなく資本の論理に支配されてしまうということです。フロイトは最初のうちは個人の意識の内部構造だけを考えていたのですが、途中から関心が社会に移っていきます。集団的無意識というものを考えるようになったのですね。フロイト自身が著作『モーゼと一神教』の中で、そういうことを言い始めます。

(36)　疎外論　人間の内なる力が生み出した、本来は自己の表現であるべき生産物が、資本主義社会においては、資本に帰属するように表象されるようになる。疎外とは生産物が物質的に搾取され、観念的に生産が自己の生から剝奪され、自己の生が外化され、資本に奪われることで、よそよそしく感じられるようになることを指す。初期マルクス、『経済学・哲学草稿』における重要概念。

(37)　物象化論　物事の生き生きした関係が固定化され、人間の意識に死んだ「物」のように立ち現れること。資本主義によって人間の疎外が進むと、物と物との関係、物と人間との関係だけでなく、人間と人間の関係に至るまで、世界認識のすべてにおいて、物象化が人間の疎外と相乗的に加速化されることになる。廣松渉はマルクスが『経済学・哲学草稿』の疎外論を後期の『資本論』における物象化論で乗り越えようとしたと論じている。

マルクスの革命論を否定した構造機能主義

　マルクスに戻ると、基本的には個人なんてそもそも存在しません。そもそもすべては歴史法則ですから。マルクスの社会理論に抜けている個人と社会の関係をフランクフルト学派とは別の形で考えたのが、アメリカの構造機能主義[38]の社会学者タルコット・パーソンズ[39]です。個人の道徳というものと、社会の規範が、どうやって一致して、社会の秩序ができ社会構造が生まれてくるか。それを機能的に説明する、という議論がアメリカの社会学の主流となります。

　マルクス主義の革命論を否定するために、社会秩序の機能的合理性を証明しようとしたわけです。個人の道徳と、社会の法がなぜ一致するのか、あるいはなぜ一致しないのか、その理由を説明するために、個人の発達心理学、社会心理学、経済学を組み合わせて社会構造の変動を理解していこうということです。その背景には、革命を説くマルクス主義の唯物史観に対抗する目的がありました。

　それに対して意識がなぜ虚偽意識を生み出すのか、というマルクスの疎外論、物象化論が実は一神教の偶像の問題、なぜ偶像がいけないのか、という問題と繋がっていくのか、その理路を解明するのがフロムの仕事です。フロムがフロイトと同じくユダヤ系だったことが重要です。

そもそも、なぜ偶像がいけないのか、というと、偶像とは実体を有さない虚偽、虚構だからです。虚構の存在であるにもかかわらず、偶像はそれを人間が信じることによって、その人間を支配するようになります。そういう意味で現代の最大の偶像は、国家と貨幣です。本当は存在しないにもかかわらず、人間がそれを実在すると信ずると、人間を支配する力を持ってしまいます。

「終末論」で繋がるマルクスとイスラーム

マルクスとイスラームのもう一つの共通点は終末論です。史的唯物論によると歴史には

(38)　構造機能主義　アメリカの社会学者、タルコット・パーソンズが確立した社会学の理論体系。ある社会や集団において、比較的安定している要素を「構造」、それらが互いに作用し合うことを「機能」と捉え、それらがどのような関係を持ち、どのように社会としての統一性を維持しているのかを分析しようとするもの。

(39)　タルコット・パーソンズ（一九〇二年―一九七九年）。アメリカの社会学者。一九二七年から一九七三年までハーバード大学で教職に従事し、スメルサーなど多くの社会学者を輩出。構造機能分析をはじめ、行為の一般理論、社会システム論などを確立させ、社会学の理論体系を築いた。

法則があり、社会の下部構造（経済）の弁証法的発展の結果として最終的には共産主義革命によって人間の疎外と搾取のない平等な社会というユートピアが現出するわけですから、ハルマゲドンの後に天国がやってくる、という一神教の歴史観とまったく同型です。時間にははじめがあり、直線的に流れていき、最後には終わりがある、という歴史観は一神教のものです。その意味では、唯物論、無神論と言いながらもマルクスは一神教のロジックを完全に踏襲していた、と言うことができます。

イスラームの宗派

イスラームにはスンナ派とシーア派という二大宗派があります。スンナ派は信仰の基本を（一）神、（二）天使、（三）啓典、（四）預言者、（五）来世、（六）運命にまとめます。シーア派は違って、（一）神の唯一性、（二）預言者職、（三）イマームという預言者の後継者職、（四）正義、（五）来世です。

シーア派になり「正義」が入っていますが、「正義」はもともとムウタズィラ派[40]のスローガンの一つでした。実はムウタズィラ派というのは、イスラーム哲学が現れた頃に出てきた最初のイスラーム神学派です。イスラームに最初に出現した宗派はハワーリジュ派で、その後にシーア派が生まれ、その他大勢がスンナ派になっていきます。その他にもカダル派、ムルジア派などの小分派が現れますが、それらの分派は神学というよりも政治的理由で分かれたものであって、本格的な神学を展開したのはムウタズィラ派でした。このムウタズィラ派を抜けたアシュアリーを開祖とするアシュアリー派が後にスンナ派の正統神学派になります。ニザーミーヤ学院で教えられたのもこのアシュアリー派神学であり、イスラーム最大の神学者として知られるガザーリーもアシュアリー派に属します。

ムウタズィラ派はアッバース朝第七代カリフ・マァムーン、八代ムウタスィム、九代ワースィクの時代にカリフの庇護を受け全盛を迎えますが、その後スンナ派の巻き返しにあい、一二世紀頃に消滅します。

このムウタズィラ派の五原則のうちの「正義（公正）」は、シーア派には信仰の原理として受け継がれますが、スンナ派の信仰箇条には組み込まれることはありませんでした。

(40) ムウタズィラ派 イスラームの神学の一派で、八世紀中頃から一〇世紀中頃まで栄えた。イスラームで最初の思弁的神学として知られる。タウヒードを合理的な解釈で擁護し、神の属性を否定。またクルアーンは神によって造られたものであるという「クルアーン創造説」を唱えた。

イスラーム経済で一番重要なのは「アドル（正義）」

イスラームとは名ばかりで、国家権力と富の奴隷に堕した現在のイスラーム教徒たちは、ハラール・ビジネスやイスラーム銀行といったイスラームの名を騙《かた》る詐欺まがいの金儲けをイスラーム経済と銘打って喧伝《けんでん》していますが、本当はイスラーム経済においてもっとも大切なものはアドル（正義）です。アドルとは自分に権利のないものは一切受け取らない、誰からも疑わしいものを一切受け取らないことです。アブー・バクルやオマルのような正統カリフたちは、病的なほどに不正を犯さないことを気にかけていました。特に権力者が自分が取るべきでないものを取らないように気を付けていたのです。たとえば、粉薬を売る時に、昔だったらパッケージなどないので、薬を紙の上に載せてそれを天秤で量っていました。紙一枚であっても薬ではないものの重さが加わっていれば、代金は取れない。自分に資格のないものは一円たりとも受け取らない。それがアドルであり、それはイスラーム経済の一番重要な原理です。アドルというのは、これを犯したと言われると、支配者ならその資格を失います。中世においても、支配者がアドルを犯した、と思われると、民衆のデモや蜂起が起きるわけです。

イスラーム法では徴税も利子も禁止されている

そういう価値観の中では徴税も重大な問題になります。クルアーンに書かれている浄財と戦利品以外に税金を取るなら、それは強盗とか、ヤクザがみかじめ料を取るのと変わらないからです。とはいえ、イスラーム法で禁じられていても、窃盗も強盗もなくならないのと同じで、現実にはどの王朝でも不正な徴税は行われていました。しかしクルアーンに典拠のない徴税が許されない、とのイスラーム法上の原則は揺るぎません。

とはいえ、法学的に禁じられているから、というだけで反乱が起きるということはほぼなく、アドルに反する、不正である、大雑把であるけれども、感覚的に、いくらなんでもこれはひどすぎるだろう、重税だ、そういうふうに思われた場合に反乱が起きてきました。支配の正当性が揺らぐ時に問題になるのが経済的なアドルという概念なのです。

本来、自分が受け取るべきものが決まっていて、それから外れることは許されていない、ということです。それでなければ、私有財産は認められているから、それで文句が出ることはありません。しかし借金の利子を取ることは、貸した元金以上のものを取ることなのでアドルに反することになり許されません。そういう意味で、イスラーム法上認められていない、不正な取引というのは許されない、という論理になるわけです。イスラームでは、搾取はイスラーム法の問題に帰着します。搾取は不正なので禁じられているということです。

イスラーム法による搾取禁止はマルクス主義と通ずる

労働者の賃金の決定のされ方にも一定のルールがあります。賃金は、アラビア語では「ウジュラ」と言いますが、賃料という意味です。これは、物の使用に対しても人間の労働に対しても同じくクルアーン四章二九節のように使われる言葉です。賃金は基本的には契約で決まるのですが、新自由主義[41]のように自由契約絶対主義ではありません。

イスラームでは利子が禁じられていますが、イスラーム以前のアラブ社会では利子は許されています。そこで金を貸して利子を取ることと、商売はどう違うのかを説明して、公正な取引は、相互満足による、という原則が示されます（『クルアーン』四章二九節）。

契約に基づく商売は合法である、というのが基本で、その上でイスラーム法は典型契約を規定していきます。ただしイスラーム法は属人法なので異教徒には通用しませんが、イスラーム法は異教徒との商売も認めています。異教徒との商売についても「相互満足による」との原則が適用されて、イスラーム法に組み込まれているわけです。つまり異教徒との契約であっても両当事者が満足したものであれば、それは守るべきである、という論理です。一方が申し出て、他方が受諾すれば契約成立で、契約があれば商売は合法で有効、というのが確かに基本なのですが、「相互満足」という法原則があることで、新自由主義的な契約絶対主義にはなりません。資本主義経済の下では、本当は相手は満足していなくとも、弱みにつけ込んで不利な条件の契約を結ばせる、といったことはいくらでもあります。高利貸しが典型ですが、もっと詳しい手口を知りたい方は『闇金ウシジマくん』[42]を

(41)　新自由主義　ミルトン・フリードマンやフリードリヒ・ハイエクらが提唱した経済思想およびそれに基づく政策。「ネオリベラリズム」とも呼ばれる。政府による規制を極限まで緩和し、自由競争によって経済成長を促進させるという考え。福祉や所得の再分配などの過剰統治が国家を肥大化させる原因だとし、規制緩和や減税、国営企業の民営化、緊縮財政などを特徴とする「小さな政府」によって市場の自由競争を活性化させ、結果として全体の繁栄に繫がるとしている。

(42)　『闇金ウシジマくん』　真鍋昌平の漫画作品。二〇〇四年から二〇一九年に『ビッグコミックスピリッツ』（小学館）で連載された。全四六巻。一〇日で五割という超暴利で貸付を行う闇金業運営の主人公ウシジマと、最後の手段として彼に金を借りに来る多重債務者たちの世界をリアルに描き、現代社会の闇を浮き彫りにした作品。また同作を原作としたテレビドラマが二〇一〇年、二〇一四年、二〇一六年に三シーズンにわたってTBS系列にて放送された。主演は山田孝之。

読んでください。

賃金（ウジュラ）についても、基本的には相互の合意によって、なんですけれども、そこで合意が成り立っていても、労使の関係が対等でなく不正な圧力があって双方が納得していなかったとすれば、契約に満足していなかった、と言って標準価格の賃金を求めて抗弁ができるわけです。もちろん、最終的には必ずしも勝てるという保証はないですが、少なくとも法律上は契約は絶対ではなく、相互が納得していない不正な契約は法律上取り消しうるわけです。これは最低賃金法のような機能を果たします。また標準価格の概念は、政府による価格統制が必要な場合や、独占禁止法を適用する場合にも使われます。

イスラーム法のこうした考え方は、そもそもプロレタリアートと資本家の関係が経済格差による権力構造によって規定されているので、形式的に合法な契約が不正な搾取を内包していることを隠蔽しているとマルクスが指摘したことに通じています。

資本主義もマルクス主義も批判したシーア派高位法学者

西洋哲学を論駁したイスラーム法学者として有名なのはバーキル・サドル（一九三五年—一九八〇年）です。

ムハンマド・バーキル・サドルはシーア派の高位法学者でしたが、西洋哲学にも通じていました。彼はイスラーム法学者として多くの業績を残しましたが、哲学において重要なのは『我々の哲学（Falsafah-nā）』（一九五九年）です。サドルは最初にペルシャ人のシーア派の哲学者モッラー・サドラーの存在論哲学を援用し、認識論についてプラトンの想起説、合理主義、経験主義、実証主義(43)を批判します。さらにサドルは資本主義とマルクス主義が共に物質主義に基づいているので、イスラームのように人間の個人の倫理と社会的利益を調和させることができないと批判し、物質主義によっては動物と異なり、自らの意志によって理想社会を作り上げることができる人間の本質を説明できないと論じ、「真理であることが彼らに明白になるように、我らは我らの証しを地平線の彼方においてまた彼ら自身の中において示そう。まことにあなたがたの主が万象の立証者であられるだけで十分ではないか」とのクルアーンの節（四一章五三節）を引用して同書を結んでいます。

なお経済については『我々の経済（Iqtiṣad-nā）』が『イスラーム経済論』（黒田壽郎訳

(43) 実証主義　哲学において、形而上的、超越的な存在を否定し、経験に基づく事実によってのみ物事を認識しようとする立場。イギリスの経験論およびフランスの啓蒙主義から発展し、フランスの哲学者、社会学者のオーギュスト・コントが体系化した。

の題名で一九九三年に未知谷から出版されていますので、イスラーム経済について詳しく知りたい方はそちらをお読みください。

あらゆる宗教や価値観を崩壊させるニヒリズム

ニーチェも直接にはイスラームにはあまり言及していません。ですからニーチェのイスラーム理解自体については話すことはあまりありません。しかし『ツァラトゥストラかく語りき』の「ツァラトゥストラ」とはイスラームでは預言者の一人とも考えられているゾロアスターですから、非西洋的なものを肯定的に捉えていたという意味ではイスラームについてもその文脈で語りうると思います。

ニーチェは西洋古典学者で、もともとの専門がギリシャ思想ですから、ギリシャ神話の素養からキリスト教を批判します。一般の日本人はどちらにも通じていないので、まったくわかりません。それでも、超訳を読むと、そこそこのことはわかります。[44] すごい哲学者であることは確かです。ニーチェはキリスト教批判を通じてニヒリズムと対決した人であって、イスラームの批判はしていません。

ニーチェは一九〇〇年に死ぬのですが、その時に今後二世紀はニヒリズムの時代だと予言しています。彼の予言は世界の現状のもっとも的確な分析になっていると私は考えています。そしてニヒリズムが進行し宗教やイデオロギーのすべての価値観が崩壊する中で、最後に残るのはイスラームである、と信じています。イスラームが人類に残された最後の希望なのです。

西洋からはじまり、どんどんニヒリズムが拡散し、世界がニヒリズムに飲み込まれていく中で、人類がまだ完全な形でニヒリズムに陥っていないのは、過去の宗教の残骸がまだ人々の心の片隅に残っているからです。それさえも形骸化して消滅しつつありますが、親が信仰心を持っていると、子どもには信仰は残らなくても行動様式だけは習慣として残ります。しかしそれも次の世代にはもう継承されません。

イスラームがニヒリズムの流れを堰き止める

ポリティカル・コレクトネスなどもニヒリズムの一種です。しかし、ニヒリズムを徹底していないから、人類がこれまで営々と築き上げ守ってきた伝統的価値を捨てながら、現在の流行には付和雷同する極めて中途半端なものになっています。ポリティカル・コレク

(44) ニヒリズム 虚無主義。既存の宗教、政治、科学、イデオロギーや社会的権威、秩序など、世界に存在するあらゆるものを否定し、価値がないとする思想。

トネスは真のニヒル（虚無）を直視できないニヒリズムの過渡的形態の一つです。そういった言説もどんどん新自由主義に回収されつつあり、その一方で自己責任論が広まっています。それは結局、金を稼げない人間は生きる価値がないので死んだらいいという話です。そしてあらゆることがエビデンスベースで科学的、合理的に決定されるべき、という風潮が広まり、それには人間よりもＡＩが優れている、ということで、自分たちの運命の選択を人間ではなく機械に任せることになります。そして次に来るのは、人間のような愚かで生かしておくのに手間がかかる動物は生きる価値はなく不要である、という理論になります。このような考え方からすると、特に老人は不要です。介護の費用がかかるだけで何も生産しないわけですから。子どもも要らない。十数年後に役に立つようになる可能性があるとしても、現在は確実に負担にしかならないわけですから。不確定な未来のために確実な現在を犠牲にするのは不合理です。ましてや人類の未来のために、などということなら、そんな未来など本当に来るのかどうかわからないことだし、仮にあったとしても自分には関係がないのに、なんでそんなことのために何かをしなければいけないのか、と言われたら反論はできません。そうした流れを堰《せ》き止めることができる唯一のものが、人間も宇宙も超えた絶対者の教えである宗教です。そういう意味でイスラームが最後の希望を託すことができる宗教なのです。

キリスト教はパウロ教だと指摘したニーチェ

ルサンチマン（怨念）という言葉を広げたのもニーチェです。キリスト教は怨念、恨み、弱者の宗教であると指摘します。ニーチェは、今のキリスト教はパウロ教であるという指摘もしています。現在の聖書学者の間ではむしろ常識になっている話でもありますが、実際イエスよりパウロのほうが重要なわけですね。キリスト教の研究者でない一般人は新約聖書の中心は福音書と考えがちですが、歴史的には使徒たちの書簡が先に書かれています。その中でもパウロの書簡が一番多く重要です。しかし実際にはパウロは生前のイエスに会ったこともなく、使徒でもなんでもありません。

新約聖書はマタイ(45)、マルコ(46)、ルカ(47)、ヨハネ(48)の福音書、「使徒行伝(49)」、使徒たちの手紙、「ヨハネ黙示録(50)」と続きます。少し脱線しますが、昔はその順で書かれたと信じられてお

(45)　マタイ　イエス・キリストの十二使徒の一人とされる。イエスの第二の故郷として知られるカペナウムの取税人だったが、イエスの弟子となった。『マタイ福音書』の著者との見方もあるが、その真相は不明だとも言われている。

(46)　マルコ　一世紀のキリスト教会で活躍した人物。エルサレムに生まれ、パウロやペテロ、バルナバとともに宣教活動を行った。『マルコ福音書』の著者とされているが、その真相は不明だとも言われている。

り、それでマタイが一番大切だと思われていました。しかし聖書学の研究では、最初に成立したのはマルコ福音書[51]で、マルコ福音書を基にマタイ福音書[52]、ルカ福音書[53]が書かれ、ヨハネ福音書は別系統でその後に書かれたのであり、ヨハネ福音書は他の福音書と性格が違うことが明らかになっています。マルコ、マタイ、ルカの福音書が「共観福音書」と呼ばれるのはそのせいです。

現行の福音書の順番は歴史的な成立順に並べられていないだけではありません。ルカ福音書はマタイ福音書とヨハネ福音書の間に置かれていますが、実はルカは「使徒行伝」の作者であるとされています。ですから聖書学者はルカ福音書と「使徒行伝」を合わせてルカ文書と呼びます。この「使徒行伝」は初代教会の様子を伝える最初の最重要資料なのですが、実はルカはパウロの弟子なのです。「使徒行伝」は書簡と違って、使徒の暮らしと出来事を時系列に従って書いてあるので、初期の教会の歴史を知るにはまずルカ文書を読みます。これが重要です。

パウロの伝記は「使徒行伝」の名前で聖書に収録されているのです。つまり「使徒行伝」を新約聖書に含めたキリスト教会は、既にパウロ主義者によってできあがっていたのです。教会は書簡を核に成立しましたが、その中でもパウロの書簡がもっとも多く、パウロの弟子のルカによって書かれたパウロの伝記を中心とする「使徒行伝」と福音書が聖書

(47) ルカ　一世紀に活躍した初期キリスト教信徒の一人。パウロの宣教旅行に同行し、医者であったと言われている。『ルカ福音書』と『使徒行伝』の著者とされるも、確定的ではない。

(48) ヨハネ　イエス・キリストの十二使徒の一人とされる。ガリラヤに生まれ、兄ヤコブと漁師をしていたが、ともにイエスの弟子となった。使徒の中心的役割を担ったとされている。『ヨハネ福音書』『ヨハネの手紙』『ヨハネ黙示録』の著者とされているが、いずれも確かではない。

(49) 使徒行伝　八〇年から九〇年頃、ローマで書かれたとされている新約聖書の一書で、四福音書に続く第五書。イエス・キリストの死後、キリスト教が、主にペテロとパウロによって、エルサレムからローマまで布教されていく様子が記述されている。

(50) ヨハネ黙示録　新約聖書の最後の一書で、一世紀末に成立したと見られる。啓示とされる幻を中心としたキリスト教黙示文学の代表。ローマ帝国に迫害されていた小アジアにある七つの教会にあてた書簡形式で、イエス・キリストの再臨や最後の審判などを預言した。著者はヨハネとも見られていたが、明確にはなっていない。

(51) マルコ福音書　新約聖書四福音書の一つで、第二書に置かれる。四福音書の中で最も古く、イエスの受難とその活動が簡潔に描かれている。七〇年前後にマルコによって記されたものだとされているが、いずれについても定かではない。

(52) マタイ福音書　新約聖書四福音書の一つで、第一書。イエスの受難と復活、イエスの系図、「山上の垂訓」を代表とするイエスの説教等が記されている。八〇年以後にマタイによって書かれたものとされていたが、真相は不明という見方が強い。

ことです。

に収められているのです。キリスト教会を作ったのは実はパウロだ、と言うのはそういう

「イエスはユダヤ人ではない」という隠れ教義

パウロは押しも押されもしないユダヤ人です。もともとイエスを迫害するパリサイ人だったのですから当然の話です。しかしイエスに関しては実は意見が分かれます。ユダヤ教というのは基本的に女系制なんです。母親がユダヤ人であればユダヤ人ということです。なぜこんなことを言うのかといえば、ユダヤ教の歴史を遡ると、アブラハムという族長に辿《たど》りつきます。有名なパスカル(54)の回心にも「アブラハムの神、イサクの神、ヤコブの神」と書かれているように、ユダヤ教でもアブラハムは信仰の父とみなされており、それはキリスト教からイスラームにまで引き継がれています。実はアブラハムには長男イシュマエルと次男イサクという二人の息子がいました。イシュマエルはアラブ人の祖先、イサクはユダヤ人の祖先になります。イスラーム教徒なら誰でも知っている話です。しかしなぜ同じアブラハムの息子でありながら次男のイサクがユダヤ人の祖先で、長男のイシュマエルがアラブ人の祖先なのでしょう。同じアブラハムの息子なのにイシュマエルがユダヤ人ではないのは、それはイシュマエルの母親のハガルがユダヤ人ではなくエジプト人だったたか

らです。だからユダヤ教は男系制にしてしまうと、ユダヤ人ではなくアラブ人こそアブラハムの嗣業であるカナンの地の正統な相続人、本当のユダヤ教徒になってしまうのです。だから、ユダヤ教は母系制だ、という風になっているわけです。

最初から母系だったのではなく、自分たちユダヤ人がカナンの地の正統な相続人であると主張するために母系にしたのです。これは人類学者エドマンド・リーチ(55)が『神話としての創世記』(江河徹訳、紀伊國屋書店、一九八〇年、原著は一九六九年)の中で指摘していることです。創世記を婚姻規則や相続問題などの視点から論じていて、アブラハムの血統をユダヤ人たちが自分たちのものにするために作り上げた神話であるという論旨です。

(53) ルカ福音書　新約聖書四福音書の一つで、第三書に置かれる。イエスの生涯と教えを史実にもとづいて記そうとしたもの。八〇年代にルカが書いたものとも推測されるが、こちらも定かではない。

(54) パスカル　ブレーズ・パスカル(一六二三年—一六六二年)。フランスの哲学者、宗教思想家、物理学者、数学者。円錐曲線の研究によって「パスカルの定理」を発見。確率論の創始や計算機の発明など、多くの科学的業績を遺した。またジャンセニスムの神学者としても活躍し、イエズス会の異端審問を批判した。著書『パンセ』では有名な「人間は考える葦である」という言葉を遺し、現代実存主義の発展に大きな影響を及ぼした。

イエスは複雑です。マタイとルカの福音書は冒頭にイエスの系図を載せています。しかしイエスの父ヨセフは「人々がイエスの父と思っていたヨセフ」「イエスの母マリアの夫となったヨセフ」などと呼ばれています。では本当の父親は誰なのかということになります。当然キリスト教徒は父は神で、処女マリアから生まれた、と言うわけですけれども、普通はそう信じないわけですよね。では誰だということになると、実はローマ人だった、という隠れ教義が昔から存在します。ユダヤ社会はローマの属国でしたから、イエスの父親はティベリウス・ユリウス・アブデス・パンテラというローマ兵士だったという説です。キリスト教では、ユダヤ人はキリストを殺した悪者ということになっているから、イエスはユダヤ人ではない、という隠れ教義が広まった、とも言えます。ヨーロッパは男系ですので、母親のマリアがユダヤ人でも、父親がローマ人なら子もローマ人なわけです。だから中世の絵画を見ても、イエスは白人の顔で描かれているわけです。

『アンチ・キリスト』でニーチェが指摘したキリスト教の弱者理論

ニーチェの『アンチ・キリスト』も、人種論ではありませんが、ある意味ではイエス非ユダヤ人論に連なる本です。ルサンチマンの宗教はあくまでユダヤ人の宗教であって、それはパウロが作ったもので、イエスはそうではなかった、ということです。高校生だった私はそれにとても影響を受けました。「キリスト教徒は一人しかおらず、そのひとりは十字架で死んだ」という有名な言葉も『アンチ・キリスト』に出てきます。ユダヤ人たちは、国を失ってから迫害されて、力がなくて、だがそのことが善であるという逆転した考え方を持っていた。迫害されている人間が正義である、という、ルサンチマンの教えを広めていった、それは弱者の論理である、と指摘したのがニーチェでした。

善と悪については『道徳の系譜』に書かれています。善と悪というのはどの文化にもあって、いろいろな起源を持っています。イスラームの場合は「ハサン」、私のムスリム名でもありますが、この原義は「美しい」という意味です。「合法である」という意味の「ハラール」とかとは概念が違います。ニーチェによると、「良い」とは本来は劣った者に対する貴族の自己肯定を表す言葉でした。身分的な意味での「貴族」「高貴」が基本概念でありそこから派生して卓越性としての「良い」という概念に発展しました。

(55)　エドマンド・リーチ　エドマンド・ロナルド・リーチ（一九一〇年―一九八九年）。イギリスの社会人類学者。フランスの構造人類学をイギリスに広め、第一人者となった。ロンドン大学でマリノフスキーに指導を受け、ケンブリッジ大学講師、ケンブリッジ大学キングス・カレッジ学長、教授を歴任した。

それに対してルサンチマンの人間は自分を迫害した「悪人」を思い描き、それと対比して弱い自分を「善人」とみなすようになります。ローマ人に征服されたユダヤ人がこのルサンチマンの道徳を生み出し、ローマ人の下層階級を引き付けたそのユダヤ的ルサンチマンの新宗教キリスト教がローマの貴族階級の価値を転換させたことでヨーロッパはダメになった、というのがニーチェによる道徳の系譜学です。それは反ユダヤ主義にも利用されたことで、ニーチェはナチスの反ユダヤ主義を準備した思想家であるといった誤解も生じることになりました。

イスラーム理解へのカギとなる、ニーチェによる「力と責任」の概念

正義感だと思っているものが、本当はルサンチマンである。これはよくあることで、今の左翼もそうですよね。自分たちは虐げられた弱者である、と言えば、自分たちに正義があることになると信じ込んでいる者はたくさんいます。そういう意味では、教祖のムハンマドが生前に自分を迫害した多神教徒たちに勝って教団国家の長となり、直弟子たちの時代に当時の三大世界帝国の一つササン朝ペルシャ帝国を征服し、もう一つの世界帝国東ローマ帝国の豊かな南半分を奪ったイスラームは勝者、征服者の宗教ですので、ルサンチマンの宗教ではありません。

私がイスラームに入信した理由の一つもそこにあります。強いものは強く、弱いものは弱いなりに自分の力に応じて義務を負う。そしてその人間の力というのは、人間自身の自分の力ではなくて、神に従って正しく生きるために神から授かったものであり、力と責任とは論理的に対となる概念です。これはイスラームの考え方であって、私自身の考え方でもあるのですが、実はこうした考え方は高校生の時にニーチェから学んだものです。「高貴の標識―われわれの義務を万人の義務にまで引き下げようなどと決して考えないこと。自分の責任を放棄しようと思わぬこと、またそれを他人に分けようと思わぬこと」（『善悪の彼岸』二七二番）は私の座右の銘です。その意味で私は今も昔もニーチェ主義者です。ニーチェ主義者であったことで「人はそれぞれの器に応じて義務を負う」とのイブン・タイミーヤによるイスラーム法の定式化をなんの疑問もなく受け入れることができました。自分自身の経験に照らしても、イスラームを理解するためにニーチェは重要だと思います。ニーチェがイスラームを知らなかったのは残念です。もしイスラームを知っていたら、二〇―二一世紀のニヒリズムに対する良い処方箋を見出すことができたのではないか、と思います。

ニヒル（虚無）に飲み込まれずに生きるための哲学

現代におけるニーチェの重要性はニヒリズムの時代の到来です。次に紹介するフロイトの「幼児は多形倒錯的である」という言葉を知っていると現在のＬＧＢＴの議論が子どもだましなのがわかるのと同じで、ニーチェのニヒリズムを知っていると、現代の宗教批判も、逆に科学批判も、人間理解の底が浅いな、と思うわけです。真の問題は宗教と科学の根底にあるニヒリズムであり、それは人々が思っているよりも遥かに恐ろしいものです。そしてこれから八〇年かけて、ニヒリズムが進行していきます。そうなると人類は滅びるしかありません。それに対する最後の防波堤がイスラームである、というのが、私の理解です。

タリバンの復権もそういう視点から見直す必要があります。自分が信ずるもののためであれば、外交的に国際連合を名乗る世界中の支配者たちすべてのカルテルを敵に回して軍事的に世界最強のアメリカ軍を相手にほとんど徒手空拳で二〇年にわたって生命を捨ててでも戦うことが私たちにできるでしょうか。「お山の大将」に過ぎないつまらない俗物たちに忖度《そんたく》し、ＳＮＳの評価に一喜一憂し、周囲の目を気にし、毎年変わる流行でしかないポリティカル・コレクトネスに振り回されている自分たちを振り返って自問自答してみてください。

現在に比べて人口がずっと少なく医学も公衆衛生も未発達であっても、中世のペストや一〇〇年前のスペイン風邪の流行に対しても、人類が滅びなかったのは言うまでもなく、国家や民族のレベルでも消滅した国も民族もありません。当時のペストやスペイン風邪に比べて遥かに致死率の低い新型コロナウィルスなど、人類のレベルでは脅威でもなんでもありません。人は新型コロナウィルスによって死ななくても他の原因で必ず死にます。いつも黙って自分の側にいる伴侶である死から目を逸らして新型コロナウィルス対策に狂奔する人間に、ニヒル（虚無）を直視して生きることはできません。ニーチェが予言したニヒリズムの時代に、ニヒル（虚無）に飲み込まれずに生きるための哲学とは、そういう視点から世界を見ることなのです。

フロイトの「無意識」は革新的アイデアだった

フロイトは、意志、人間の心には、たくさんの層があって、意識の下には無意識があるということを発見した人です。「無意識」は今となっては普通に使う言葉なので、気づくのが難しくなっていますが、当時はすごく革新的なアイデアでした。前述のように、アリストテレス的伝統でも、霊魂に、植物霊魂、動物霊魂、人間霊魂のような重層性を考えるようなことはありました。しかしそれはあくまでも人間霊魂が下位の霊魂を支配している、という考え方です。フロイトの革新性はむしろ無意識こそが人間の本質であり、意識はその表層に過ぎず、意識に現れるものは無意識の欲動に支配されて歪曲されていることを発見したことにあります。

当時の時代背景もあって、フロイトは無意識の欲動を「エロス（性＝セックス）」と呼びました。晩年になると、フロイトはエロス概念を「性」から「生」に拡張し、生への欲動であるエロスに対して死への欲動「タナトス」が存在すると考えるようになりましたが、難解な上に精神分析学者の間でも批判の多い概念なのでタナトスについては本書では取り上げません。

セックスへの欲望が昇華し、文化が生まれる

フロイトの議論を簡単にまとめれば、セックスへの欲望が人間の精神活動の基本であって、それが昇華されることで文化が生まれる、ということです。フロイトによると小児期のエロスは無定型でさまざまなものを対象にしますが、成長するにつれて異性への性器愛に収斂《しゅうれん》するのが定型発達であるとみなしました。さらに人間は異性への性器愛を超えてエロスを文化にまで昇華させることができます。本当に身も蓋もないのですが、文化とはエロスのはけ口としてのセックスを禁じて無理やりに文化に誘導したものであるので、文化

的生活とは本来的に居心地が悪く不快で窮屈なものなのです。簡単にまとめると、これがフロイトの文化論です。

その部分に強調点を置いたのが、フロイト左派と呼ばれたライヒ、(56)マルクーゼ(57)たちです。彼らの性の解放の理論は一九六〇年代にアメリカで流行りました。性の欲望を回復させる、その解放が革命に繋がるということです。彼らの政治的主張が脱色され「去勢」されて「性の解放」の部分だけが実現されたのが現代です。

エロスと言われるものは、本当はもう少し広い「生＝レーベン＝ライフ」に近い概念です。当時一番抑圧されていたのはセックスだったので、無意識の抑圧の理論として精神分析を創始したフロイトは最初はセックスに焦点を絞ったのです。子どもは多形倒錯的、と

(56) ライヒ ヴィルヘルム・ライヒ（一八九七年―一九五七年）。精神分析学者。オーストリアに生まれ、ウィーンでフロイトの助手を務めるも、ナチスに迫害されて渡米。フロイトの精神分析理論とマルクス主義の統合を試み、社会的抑圧からの性の解放を提唱したが、ドイツ共産党、国際精神分析学会の双方から除名された。

(57) マルクーゼ ハーバート・マルクーゼ（一八九八年―一九七九年）。哲学者。ドイツに生まれたが、ナチスの台頭でアメリカに亡命。フロイトの精神分析理論とマルクス主義の統合をもとに、現代の管理社会が引き起こす人間疎外を批判した。

言われるように、性の欲動の対象は多岐にわたるわけです。今でもオタク文化にそういうのがありますね。そういうものがさらに昇華されると宗教になっていきます。もともとエロスとは何でも対象にできるものですから。

人間が多形倒錯的である前提での定型発達論

フロイトは子どもの発達を口唇期、肛門期、男根期と三段階に分けました。口唇期のエロスの対象はくちびる、肛門期は肛門、男根期は男根です。フロイトの精神分析は男性の視点で作られたので男根期になります。もっとも、フロイトの精神分析の後継者は娘のアンナ・フロイト(58)なのですが。精神分析ではこの発達段階論に基づいて性格も三類型に分けます。口唇的性格、肛門的性格、男根的性格です。口唇的性格は貪り、肛門的性格は貯蔵、男根的性格は攻撃性を特徴とします。身体的成熟に伴って、バランスが取れて安定していくとされますが、基になるエネルギー、欲動というのは、一つです。フロイトはこれをリビドーと呼びました。このリビドーの場がイド、エスと呼ばれます。

その意味では、LGBTの存在など論ずるまでもなく当たり前でしかありません。男性や女性だけでなく人間以外の何でも普通に対象になりますから。ただしフロイトは定型発達を想定しました。普通は一定のパターンがあるということです。

定型発達の概念を発展させたのがエリクソンです[59]。アイデンティティという言葉を作って理論化した人です。たとえばルター[60]やガンディー[61]などの伝記を研究して、子どもだけの

(58) アンナ・フロイト　(一八九五年—一九八二年)。精神分析学者。フロイトの娘。オーストリアに生まれるが、ナチスの台頭により両親とともにロンドンに亡命。児童精神分析の開拓者であり、児童に関する防衛機制の研究などで知られる。創設した父に代わって国際精神分析学会の事務局長を務め、長期にわたってその中心的役割を担った。

(59) エリクソン　エリク・ホーンブルガー・エリクソン　(一九〇二年—一九九四年)。精神分析学者。ドイツ出身だが、ナチスの迫害を逃れて渡米。ウィーンでアンナ・フロイトに師事。人間の生涯を乳児期から老年期までの八段階に分類し、それぞれの段階に応じて生じうる心理的な課題やその克服によって得られる要素をまとめた発達理論を提唱。青年期に獲得しうるものとしてアイデンティティ(自我同一性)という概念を生み出し、心理学や社会学など幅広い分野に多大な影響を及ぼした。

(60) ルター　マルティン・ルター　(一四八三年—一五四六年)。ドイツの宗教改革者。一五一七年、ローマ教会による贖宥状の発行に反対して「九五か条の論題」を発表。プロテスタント宗教改革の発端となった。一五二一年に破門されるも、ザクセン選帝侯にかくまわれ、その間に新約聖書をドイツ語に訳した。聖書主義、万人祭司主義、信仰義認論を説き、ルター派教会を組織化させた。

話ではなく、成人して成熟するとはどういうことか、ということで、定型発達論を洗練させていきました。前述のライヒやマルクーゼたちと比べると極めて健全で保守的な理論になります。

それが定型発達論の成り立ちです。人間は多形倒錯的である、というのが前提で、その上に定型発達論が構築されているのですから、それを知らずに性嗜好《しこう》だけに落とし込んでしまうとばかばかしく浅薄な議論になってしまいます。そんなことはわかった上で、それを超えた発達を目指すべきだ、というのが定型発達論なわけです。

同性性交をした人はイスラーム法で裁かれるのか？

イスラームも定型発達を想定しています。そもそも欲動があるから禁止があるわけです。殺人でも窃盗でも姦通《かんつう》でも、厳罰で制御しなければいけないほど強い欲動があるからこそ、罰が定められているのですから、人間にそういう性向があることは当然認められています。欲望があるのは構わないが、欲望の赴くままに行動してはいけない、と言っているわけです。

実際に同性間で性行為を行うと処刑されるのか、というのもまた別の次元の話になります。特にイスラームの場合は、有罪にするには四人の証人を揃える必要があるので実際には非常に難しいです。プライベートに何をしていようと干渉しません。イスラームは人間の内面に干渉しないからです。性行為はもともとプライベートなものでしょう。欧米でも日本でも同じです。学校の教室の中で授業中にいきなり裸になって性行為を行ったら、異性間であれ同性間であれ怒られるでしょう。実はそれと同じことです。それを愛情の性向の問題にすり替えて批判してはいけません。

そもそも、イスラーム法というのは、我々が考えている法律とは違います。最後の審判で、神が裁くのがイスラーム法です。同性性交をした人が最後の審判で裁かれるかどうかは、我々が決めることではありません。本当は欧米や日本の法律でも同じで、個々のケースを考えれば、殺人事件にしても窃盗事件にしても、有罪かどうかを判断できるのは被告と原告の主張、証拠を吟味して審議を重ねた裁判官だけです。事情を知らず裁く権限もな

(61)　ガンディー（一八六九年―一九四八年）。インドの政治家、独立運動指導者。マハトマ（偉大な魂）と称される。ロンドンに留学し、弁護士資格を取得。南アフリカで人種差別を目の当たりにし、サティヤーグラハ運動を指導した。一九一五年に帰国し、イギリスからの独立運動を指導。インド国民会議派を発展させた。一九一九年ローラット法に反対するなど非暴力・不服従運動を展開。ヒンドゥー教とイスラーム教の融和を目指したが、狂信的ヒンドゥー教徒に暗殺された。

い部外者が口を挟むのは有害無益です。

人間の無意識という心の闇を発見したのはフロイトの功績です。そうした闇の部分については、無理に暴き立てようとも、理解しようともせず、最後の審判での神の裁きに委ねようとするのがイスラームの立場です。

照明学派サドラーによる存在と本質の議論

第一章で、アラブ世界ではガザーリーの哲学批判の後、イブン・ルシュドを最後にイスラーム哲学は姿を消した、というお話をしました。しかしイランではイスラーム哲学が今も生き残っています。イランで発展した哲学はイルファーン（真知）、あるいはヒクマ（英知）の学とも呼ばれます。イブン・スィーナーの哲学とイランのスフラワルディーの照明学派のスーフィズムを融合したイルファーンの創設者は、イランのシーア派の間ではアリストテレス、ファーラービーに続く「第三の師」と呼ばれるミール・ダーマードです。彼の弟子のモッラー・サドラーはイルファーンの大成者とみなされており、彼の主著『四つの旅』は第一の旅で存在、第二の旅で物質、第三の旅で神、第四の旅で人間の死と復活を論じていますが、存在の根源である神への帰還としての人間の死を論ずるサドラーの死の議論は「哲学は死への訓練である」とのハイデガーの言葉を思い起こさせます。(62)モッラー・サドラーは一九七八年に井筒俊彦訳の『存在認識の道―存在と本質について』（岩波書店）が出版されていますが、一九九三年には『井筒俊彦著作集（10）存在認識の道―存在と本質について』（中央公論社）として再版されています。

「実存は本質に先立つ」というサルトル(63)の言葉にもあるように、存在が先か、本質が先かという議論は哲学史上非常に大きな議論でした。スペインのスーフィーで詩人でもあったイブン・アラビーは、神を唯一の純粋存在とみなす存在一性論学派の祖となります。西洋

(62) スフラワルディー（一一五五年頃―一一九一年）。イスラーム・ペルシャの哲学者。照明学派の創始者。存在を光とし、プラトン主義的哲学とゾロアスター教の教義によって証明しようと試みた。非イスラーム的な学説は異端的思想とみなされ受け入れられなかったが、のちにイスファハーン学派で主流となり、またアヴィケンナ主義と結合し、シーア派の教義に取り入れられるなど、多くの影響を残した。

(63) サルトル　ジャン゠ポール・サルトル（一九〇五年―一九八〇年）。フランスの哲学者、作家。無神論的実存主義の提唱者。パリの高等師範学校で学んだのち、ベルリンに留学。ハイデガーやフッサールを学んだ。一九三八年に刊行した小説『嘔吐』で作家としての地位を築く。一九四三年に主著『存在と無』を発表。戦後は実存哲学と社会変革の統合を考察し、ヨーロッパを代表する思想家となった。

哲学の「実存主義」はフランス語でexistentialisme、英語でexistentialism、ドイツ語でExistenzialismusと言います。存在優位のシーア派イルファーン哲学のフランスの研究者であるアンリ・コルバン[64]が、ドイツのハイデガーの実存主義哲学のフランスへの最初の紹介者であったことは偶然ではありません。

イスラーム哲学で特に存在論が発展したのはなぜか

イブン・スィーナーまでは本質が存在に先立ち存在は属性であるという考えが主流でした。しかし存在はほかの属性と同じような属性なのか？　存在しない本質は存在するのか？　と問うていくと、存在なき本質などないのではないかという結論に行き着くことになります。第一章でも触れたことですが、アリストテレス的な分類でいけば、あるものを定義するということは、最近類プラス種差を示すことになります。人間なら、動物の中で理性があるものです。そうした類の中でもっとも抽象度が高いのが存在なわけです。逆に本質論でもこれに行き着きます。「在るということ」を「それをなくしたならばどんなものもそのものではなくなってしまうもの」と考えますと、最終的にすべては存在になります。これは現代のイスラーム哲学者であるタバータバーイー[65]の「『花が存在する』から『存在が花する』」という言葉によく表れています。

スフラワルディーの照明学派という学派は、存在＝光＝神であると唱えました。確かに、現代の科学に照らして存在の本質は何かといえば光であるような気もします。逆に非存在の本質は闇です。イランはもともとゾロアスター教ですから光と闇の二元論に馴染み深いということも指摘できます。

哲学にはさまざまな分野がありますが、イスラーム哲学では特に存在論が発展していることが指摘できます。それは存在の中に時間も入ってくるからです。存在が花するは生成の議論です。イマジナティブ・クリエイティビティという言葉がありますが、想像するこ

(64) アンリ・コルバン（一九〇三年―一九七八年）。フランスの哲学者、東洋学者。高等研究院、テヘラン大学教授などを歴任。グノーシス主義的シーア派思想に基づく哲学を展開した。イブン・アラビー、スフラワルディー、モッラー・サドラーなどの翻訳を手掛けた。またハイデガーの『形而上学とは何か』を最初に仏訳し、ハイデガーの実存主義哲学をフランスに広めた人物としても知られる。

(65) タバータバーイ（一九〇三年頃―一九八一年）。現代イスラーム・シーア派思想哲学者、法学者。アッラーメ（大学者）と称された。聖典解釈学やモッラー・サドラーの著書への注釈などの業績を残し、神秘主義哲学を現代によみがえらせた人物として知られる。アンリ・コルバンや井筒俊彦とも交流し、国際的に活躍した。

とは生み出しうる。日本語では想像＝創造で読みも同じですね。神は不動の動者なのに、世界はなぜ動くのか？　というのが主要な関心事です。それは愛による、というのが一つの見解です。提唱者はイブン・アラビーです。ナファス・ラハマーニー＝慈愛ある息によって世界は動かされている。時間は動きでしかない。よって時間論については慈悲の話であるということになります。経済思想にはバーキル・サドルなどがいますが、独我論などはあまり出てきませんね。

第四章

イスラームと現代哲学

神学的に重要なヴィトゲンシュタイン「論理実証主義」

ヴィトゲンシュタインはもともとユダヤ系ですが、父親がプロテスタントに改宗しています。宗教的背景はそのようなものですが、本人は特定の宗教にコミットしているようには見えません。聖書からの引用なども少ないです。

ヴィトゲンシュタインとウィーン学団は切っても切れません。数学および論理学によってすべての科学を統一するというのがウィーン学団のプロジェクトです。ウィーン学団のメンバーの多くはユダヤ人でナチスの迫害を逃れてアメリカに亡命し、アメリカが現代哲学や科学の中心地になるのですが、その意味ではユダヤ人がすごいというよりドイツがすごいというべきなのかもしれません。

ヴィトゲンシュタインは前期・後期に分類するのが通常ですが、私見によると神学的に重要なのは前期、特に『論理哲学論考』です。前期ヴィトゲンシュタインの特徴は論理実証主義です。論理実証主義の考えは以下のようなものです。

まず、真理は分析的真理と経験的真理からなる。分析的真理とは、たとえば「今は雨が降っているかいないかのどちらかである」という文章のように、言葉の分析だけから真理性が担保されるものです。経験的真理はそれに加えて、観察命題が必要になります。雨が現在降っているかいないかは、五感の作用によって客観性を担保できる、というものです。

観察命題がなぜ可能かというと、世界自体が命題と同じ構造を持っているからである、というのが前期ヴィトゲンシュタインの考え方です。

「すべてのたこ焼きにはたこが入っている」という全称命題は証明できるのか

「たこ焼きが一個ある」という。これは観察によって客観的な合意が成立します。しかし「たこ焼きがおいしい」になると、人によって判断が違ってきます。「おいしい」は食べた人一人ひとりによって違う主観であって、たこ焼きについての客観的な事実命題ではないわけです。事実命題は客観的に真偽が確定できるものであり、観察命題プラス論理によって、世界というのはすべて説明できる、と考えるのが論理実証主義です。観察命題は、実験などのいろいろな方法で調べていくのですが、それが破綻します。論理学の体系の中で、真か偽かを証明できない命題が存在するというのが、例の、ゲーデル(1)の不完全性定理(2)です。

(1)　ゲーデル　クルト・ゲーデル（一九〇六年―一九七八年）。アメリカの数学者、論理学者。ウィーン大学で数学と物理学を学んだ後、アメリカのプリンストン高等研究所に所属。一九五三年に同所の教授に就任。一九三〇年に「完全性定理」、一九三一年に「不完全性定理」を発表し、数学界と哲学界に多大な影響を及ぼした。

そもそも観察命題は、すべて単称命題です。全称命題は「すべての〜〜は〜〜である」で、単称命題は「ある〜〜は〜〜である」です。観察によって検証できるのは、たとえば「今ここにたこ焼きが一個ある」のような単称命題だけです。「すべてのたこ焼きにはたこが入っている」が全称命題です。

「すべてのたこ焼きにはたこが入っている」を経験命題の全称命題と考えるなら、すべてのたこ焼きの中にたこが入っているかどうかを調べて全部に入っていれば真、一つでも入っていなければ偽です。しかし過去から未来までの世界中のすべてのたこ焼きを調べ尽くしてそれが真であることを検証することはできません。科学法則は無時制の全称命題の形で書き表されています。たとえば重力の法則の正しさを証明するためには、宇宙の始まりから宇宙の終わりまでに存在するすべての物質についてそれが成り立つかどうかを検証しなければなりません。科学法則の全称命題の正しさは原理的に証明不可能です。論理実証主義自体は、結局そこまでしか言えないので、破綻するわけです。

すべてのたこ焼きの中にたこが入っているかどうかを調べて全部に入っていれば真、一つでも入っていなければ偽です。一つでもたこが入っていなかったら、「すべてのたこ焼きにはたこが入っている」は反証されます。全称命題は真であることの証明は不可能でも偽であることの証明は可能です。そこで科学の命題とは、観察、実験などで経験的に反証が可能な命題である、というのがカール・ポパー(3)の反証主義です。反証可能な理論は科学的、反証しようがないものは科学ではない、ということです。

しかし本当に「すべてのたこ焼きにはたこが入っている」ということは観察によって検証できる経験命題なのでしょうか。ある一つのたこ焼きにたこが入っていなかったら、「すべてのたこ焼きにはたこが入っている」は反証されるように思えます。しかしたこが入っていないたこ焼きはそもそも「たこ焼き」なのでしょうか。たこが入っているからこそ「たこ焼き」であって、たこが入っていなければそれはそもそもたこ焼きではなくただ

(2) 不完全性定理　一九三一年にゲーデルが証明した定理。第一不完全性定理は、自然数論を含む数学で用いられる理論を矛盾なく形式化したとき、どのように形式化したとしても、その真偽を証明できない命題が存在する、というもの。第二不完全性定理は、自然数論を含む形式体系に矛盾がないとき、そのことを形式体系内では証明することができない、というもの。

(3) カール・ポパー（一九〇二年―一九九四年）。イギリスの哲学者。オーストリアに生まれ、ウィーン大学、ウィーン教育研究所で学んだのち、ニュージーランドに亡命し、その後イギリスに移住。ロンドン大学にて論理学と科学方法論の教授になる。ウィーン学団の論理実証主義を批判し、批判的合理主義を提唱。この思想をもとにマルクスやヘーゲルの全体主義的思想を批判した。

の「小麦粉焼き」である、と考えれば、たこ焼きは定義上必ずたこが入っていることになります。そうであれば「すべてのたこ焼きにはたこが入っている」は定義によって必ず正しい分析命題になります。しかし実はたこが入っているのがたこ焼きである、というこの定義自体がある一定の理論を前提としているので、たこが入っていないたこ焼きもあるんじゃないかという話にもなります。実際、インドネシアやマレーシアではたこが入っていないたこ焼きはいくらでもあるんです。イカだったり、アワビが入っていたりします。それがたこ焼きであるかどうかは、観察によっては決まりません。それは定義の問題であり、言語の使用法の問題です。そうなると単称命題であっても観察によって反証できるとは言えません。あまり良い例ではなかった気がしますが、これが「観察の理論負荷性」と言われるものです。

近代科学はアラビア科学とギリシャ科学の結合

近代科学はパスカルが言うように「実験と推理」、すなわちアラビア科学に由来する実験的精神とギリシャ科学に由来する論証的精神が結合することによって成立しました。実験的方法は一七世紀の科学革命を通じて科学的認識の基盤としての位置を与えられましたが、この革命の完成者と言うべきニュートンは、自らの自然哲学をベーコン[4]やボイル[5]にならって「実験哲学」と呼びました。ニュートンが近代科学の完成者と目されるのは、単なる「観察」にとどまらず、仮説を検証するために、複雑な自然現象から特定の要因のみを選び出して条件を単純化したうえで、それを人為的にコントロールすることによって目指す結果を得る「構成的実験」を行ったことによります。

しかし、そもそも実験的検証の結果を表すテスト命題は単称命題ですが、正しいことを証明すべき一般法則（の仮説）は全称命題であり、テスト命題の単称命題が真であっても全称命題が真であることの証明にはなりません。いかに多くの実験的証拠が得られても、それはあくまでも例証に過ぎず、当の法則の正しさを決定的に証明することはできません。

（4）ベーコン　フランシス・ベーコン（一五六一年―一六二六年）。イギリスの哲学者、政治家。イギリス経験論の祖として知られる。ケンブリッジ大学トリニティ・カレッジで学んだのち、国会議員となる。一六二〇年に刊行した『ノブム・オルガヌム』で演繹法を批判し、経験的方法を重視した帰納法を提唱した。

（5）ボイル　ロバート・ボイル（一六二七年―一六九一年）。イギリスの化学者、物理学者、自然哲学者。貴族出身で、ヨーロッパ大陸に遊学。帰国して私費で研究を続け、一六六〇年「ボイルの法則」を発見。一六六一年に刊行した『懐疑的な化学者』で、アリストテレス派の四元素説を批判し、デカルトの仮説などをもとにした元素の定義を提示した。

しかし反証が一例でもあれば全称命題を否定できるので、実験によってできることは反証を見つけて、法則の仮説を否定することだけになります。これが、科学の「実証性」は誤謬《ごびゅう》排除を行う反証の過程にこそあり、「反証可能性（falsifiability）」を持つか否かが、科学と非科学とを分かつ基準であり、反証可能性が高い理論ほど経験的内容が豊かで、低い理論ほど無内容であるというポパーの反証主義でした。

実証主義の大前提を崩壊させた「観察の理論負荷性」テーゼ

実証主義も反証主義も科学をその理論として捉え、科学の命題を論理的に考察することでその本質を明らかにしようとしました。しかしその反動として科学哲学は「科学のあるべき姿」を提示する規範的アプローチから「科学の実際にある姿」を描き出す記述的アプローチへと転換していきました。その流れに先鞭《せんべん》をつけたのは、「観察の理論負荷性」テーゼを唱えたN・R・ハンソンの『科学的発見のパターン』（村上陽一郎訳、講談社、一九八六年、原著は一九五八年）でした。[6] 何かを見ることは、その何かに関する先行知識によって形作られるのであり、理論の真偽を検証すべき観察自体が否応なく理論的枠組みを前提せざるをえないとハンソンは主張します。以上の帰結は、「実証性」という科学の基盤をも揺るがしかねないものでした。理論から独立した観察の存在を否定する「観察の理論負荷性」テーゼによって検証のみならず反証さえもがその妥当性を失い「経験的事実による正当化」という実証主義の大前提が崩れることになったのです。

ポスト実証主義における科学に対する「実証性」の再検討

このポスト実証主義とも言える立場は、理論は観察事実によって反証されるのではなく別の新たな理論によって打ち倒される、というテーゼを詳細な科学史的事例の分析に基づいて論証し、「パラダイム転換」による理論交代を主張するクーン(7)の科学革命論に代表されます。ポスト実証主義において、科学に対する「実証性」の要求は、パラダイム転換のメカニズムや科学者共同体の構造など、社会的次元を含めたより広い文脈で再検討されることになりますが、アメリカの哲学者ウィラード・クワイン(8)は、「決定実験の不可能性」に帰結する「理論の決定不全性テーゼ（デュエム＝クワイン・テーゼ）」を唱えて、形式科学と経験科学の間に境界線がないように、経験科学内部における自然科学と社会科学の間に

（6）　N・R・ハンソン　ノーウッド・ラッセル・ハンソン（一九二四年―一九六七年）。アメリカの科学哲学者。インディアナ大学とイェール大学で哲学の教授を歴任。一九五八年に発表した『科学的発見のパターン』で、「観察の理論負荷性」を主張した。

も明確な断絶はないことを示しました。クワインのこのような立場を「ホーリズム」と言います。

以上が論理実証主義の概略です。論理実証主義は、科学哲学としては破綻したわけですが、観察命題プラス形式的な、数学と哲学、論理学によって、すべてが説明できる、と述べてこの論理実証主義に大きな影響を与えたのが、ヴィトゲンシュタインの『論理哲学論考』でした。ヴィトゲンシュタイン自身は、同書を書き上げた時点で、これでもはや哲学の問題は残っていない、と考えました。

イスラームの立場から興味深いのは、世界の哲学的な記述がすべて終わった後にも残るものがある、という点です。ヴィトゲンシュタインはそれを「神秘的なもの」と呼びました。ヴィトゲンシュタインは「およそ語られうることは、明晰に語られうるし、語りえないものについては沈黙しなければならない」と書いて、筆を折ってしまいました。沈黙していた時は、小学校の先生をやっていましたが、哲学に戻ってきます。それが後期ヴィトゲンシュタインです。

言葉の使用をひたすら観察した後期ヴィトゲンシュタイン

後期ヴィトゲンシュタインは、言葉がどのように使用されているかをひたすら観察していきます。人が何かを言っている時に、そこで何が起きているのかを、ひたすら「見る」のです。その意味では、「語りうるもの」と、「自ら表すもの」の前期の二分法がそのまま維持されている、とも言えます。「語りえないもの」と「自ら表すもの」を観察することによって、哲学の誤解を正していきます。言葉の使用の実際の現場において何が起きているのか。意味論から語用論への転換と言ってもいいかもしれません。

（7）クーン（一九二二年―一九九六年）。アメリカの科学史家。ハーバード大学で物理学を学んだ後、同校、カリフォルニア大学、プリンストン大学、マサチューセッツ工科大学の教授を歴任。一九六二年に発表した主著『科学革命の構造』で、「パラダイム」という概念を提唱。パラダイムとはある科学的な専門領域において規範となる思想や物事の捉え方のことで、科学の進歩は積み重なっていくものであるという考え方に対し、科学はパラダイムを基にした通常科学とパラダイムの転換によって起こる科学革命を繰り返すことによって進歩していくものだと主張した。

（8）ウィラード・クワイン（一九〇八年―二〇〇〇年）。アメリカの哲学者、論理学者。ハーバード大学大学院を修了したのち、同校で教授、名誉教授となる。ホワイトヘッド、ラッセルなどに学び、一九四〇年に『数学的論理学』を発表。数理論理学の発展に大きな影響を及ぼした。また論理実証主義を批判し、独自の意味論と存在論を確立した。

名前が共通していてもそこには共通する本質のようなものは存在しない、家族的類似があるだけであると言っています。前期では、言葉と物事が対応していたのですが、後期の家族的類似では、たとえば蜂と雀は羽があることが似ており、雀と鮭は卵を産むことが似ており、鮭とたこは水中に棲むことが似ており、たことゾウリムシは水棲《すいせい》であることで似ていますが、蜂と雀と鮭とたことゾウリムシに共通の本質があると考える必要はありません。ゾウリムシなど植物か動物かさえよくわからないですよね。最近の例だと、おたまじゃくしに葉緑素を埋め込む実験が成功したそうです。そうすると、おたまじゃくしは、酸素のない状況でも、葉緑素が酸素を作り始めて、それによって生きていけるわけで、植物に似ています。これから動物と植物のさまざまなキメラが出てくるでしょう。もっとなんだかよくわからないものがこれからどんどん出てくるでしょう。

だから言葉と物が対応しているという先入観を捨て、言葉が実際にどのように使われているのか、を観察しろ、ということになります。後期ヴィトゲンシュタインの言語論を一言にまとめると「語の意味とは、言語内におけるその使用である」（『哲学探究』第四三節）になります。

言語に隠された暗黙のルールを発見する「言語ゲーム論」

そこで生まれたのが「言語ゲーム論」です。言語には確かにルールがありますが、ルールは必ずしも明文化されているものではありません。言語には明文化されたルールだけではなく、明文化されない暗黙のルールもあります。ルールが存在しないケースもあります。

ヴィトゲンシュタインの言語ゲーム論を法哲学に応用し、法にはルールの「確実な核心(core of certainty)」と「疑わしい半影(penumbra of doubt)」があり、ルールの存在しない「疑わしい半影」においては司法裁量がなされ裁判官による法形成が行われていると論じたのは後述の法哲学者H・L・A・ハート[9]です。(Sybil Schlesinger, "Working Definitions: A Critique of H. L. A. Hart's Use of Wittgenstein in "The Concept of Law"", ARSP: Archiv für Rechts- und Sozialphilosophie / Archives for Philosophy of Law and Social Philosophy, Vol. 83, No. 1 (1997), pp.103-124)

スマートフォンの操作を例に考えてみましょう。取扱説明書、マニュアルを全部読み通

(9)　H・L・A・ハート（一九〇七年―一九九二年）。イギリスの法哲学者。二〇世紀を代表する法哲学者の一人として知られる。オックスフォード大学教授、ブレイズノーズ・カレッジ学長を歴任。分析哲学を用いて法実証主義の理論を構築した。著書に『法の概念』などがある。

す人はまずいません。読まなくてもみんな使っています。それどころか「デジタルネイティブ」世代ではまだ字を読めない幼児でもいつのまにか好きな動画に辿りついて観ています。

言語も同じで、別にマニュアルなどなくても、誰でも使えるようになるわけです。たとえマニュアルを作っても、マニュアル通りに動くものではありません。文法からはずれた言葉遣いなどいくらでもありますし、わざと文法を崩して新しい表現を生み出すこともあります。言語には暗黙のルールがあって、逆にマニュアルに書いていることが間違っている、あるいは最初からルールもない。そういったことを発見するのが哲学者の仕事である、ということで言語ゲーム論になっていくわけです。

宗教学のほうでも、後期ヴィトゲンシュタインを使って、神学の言葉というのは、カントの言葉とは違うから、それはそれなりに機能している、と神学者、牧会者らの間から、ヴィトゲンシュタイン・フィディズム（fideism）などというものも出てくるのですが、彼らの「生活様式」自体に実存的深みがないので、ただの護教論にしか聞こえず、私は全然評価していません。

「自己は存在しない」という命題で通じる前期ヴィトゲンシュタインとイスラーム

むしろ神学的に重要なのは今でも前期ヴィトゲンシュタインです。語りえない神秘の一つが、自己です。自己は世界の中にはありません。では、どこにあるのか? 自己は世界と世界の外との境界にあるのです。世界の中にはいかなる価値もありません。しかし世界の外にはあるのです。それは語りえないもの、つまり神です。自己は世界と世界の外との境界にあります。どちらにも入っていません。

境界とは、厚みがない、質量を持たないものです。そのはずなのですが、ところが実際にはそうではありません。ここからはヴィトゲンシュタインから離れますが、それが語り得ないものが語り得ないものたる所以で、言語化しにくいわけです。言語も時間の中でしか作動しないため、時間のない自己についてはそもそも語れないのです。だから比喩しか使えません。数学でいうと、たとえば、点とか線とか面とかは、質量も厚さも持ちません。しかしゼロではありません。意識もゼロではないわけですね。我々の意識というのは時間性があります。意識は時間の中でしか作動できないからです。そこをなんとか語れないかと私も考えているのですがなかなかうまくいきません。

人間の自己は、接点、接面といった比喩でしか語れないものであり、世界と世界の外との境界に位置しています。しかし実際には人間は四次元の世界で生きているので、時間にも「厚み」があるはずです。それをいかに語っていくのか、それが哲学の一番の問題であると私は考えています。それでヴィトゲンシュタインが一番重要な哲学者になるわけです。そしてそれがまさに神の問題と繋がっていきます。

「自己は存在しない」という命題は哲学化されたイスラーム神秘主義の中では、通説になっていきます。人間は存在せず、自己も存在せず、神だけが存在する、と言われるようになります。ただし厳密にいうとイスラームでは、実は神学と神秘主義の間に断絶があるのですが、複雑すぎるので本書ではこれ以上は述べません。興味のある方は『ナーブルスィー神秘哲学集成』(山本直輝訳、中田考監訳、作品社、二〇一八年)をお読みください。シーア派のイルファーン哲学には一応の説明がありますが、私は成功しているとは思いません。スンナ派は理論化せず沈黙します。言葉で語るのではなく実践の中で示そうとしました。ヴィトゲンシュタイン的、と言えないこともありません。

神の視点と人間の視点はどう整合するのか

神の視点と人間の視点というものはどのように整合しうるのでしょうか。たとえば、この部屋には二人の人間がいます。しかし、私の目には私自身は見えないので一人だけが見えています。神の視点からは二人とも見えるのでしょうか。私からは一人しか見えません。

神がこの私の視点も獲得しているのであれば、一人しか見えないのでしょうか。神については比喩によって推測するしかありませんが、私に二つの目があってもその二つの目の見たものを一つに統合しているように、神は宇宙の存在者すべての視点を一つに統合しているのでしょう。

我々は死後、この世の次元時空の肉体の束縛から自由になり、最後の審判において、自分の関わったすべての事象を神の視点から見せられます。神の視点からですが、あくまでも自分が関わったことのすべてであって、世界全体が見えるわけではありません。神になるわけではありませんから。私たちは三次元空間に生きているので、仮に二次元の人間がいたとすれば、二次元人とは文字通り次元が違うものが見えるわけですが、それでも三次元空間に存在するすべてのものが見えるわけではないのと同じです。相対性理論と量子力学がすべての宇宙で成立するのかどうかは不明ですが、もしそうだとすれば、人間に影響を及ぼすのは光円錐の内部に限られる、と言われていますので、見えるのはその内部ぐらいではないかと思います。しかし量子力学プラス相対論の現代物理学は、アブラハム的一神教の神学には入っていませんしイスラームもそうで誰もやっていません。私が知るかぎり、神学だけでなく、アブラハム的一神教の中から、現代物理学の通説をふまえた哲学はまだ生まれていません。

ヴィトゲンシュタインとイブン・タイミーヤの共通点

後期ヴィトゲンシュタインは、哲学的な言語で、哲学者と戦いました。哲学者たちは言葉が概念、事物に対応すると考え、言葉を正しく定義して、論理的に考えることで、真理に到達できると考えましたが、ヴィトゲンシュタインはそれが間違いであることを示し、言語ゲーム論を展開しました。ヴィトゲンシュタインは、言葉は生活様式の一部であり、単語にあらかじめ決まった意味もなければ、決められた使用法もない、逆にそのような先入観を捨てて虚心に実際の言語の使用法を観察することが哲学の仕事だ、と主張します。

イスラームの考えは逆です。言葉には正しい意味と正しい使用法があります。それが聖典クルアーンの言葉であり、その意味は預言者ムハンマドがその弟子たちに語った使用法の中に示されています。

そのためイスラームでは、クルアーンの意味論的意味を確定するために、イスラーム以前のアラビア語の語彙を収集し数十巻に及ぶレキシコンを編集すると同時に、預言者の言葉だけでなく、彼と弟子たちの言動を記録し、彼らが生きた生活様式（スンナ）をできる限り変えずにそのまま維持することに努めたのでした。

一見ヴィトゲンシュタインの考えとは逆のようですが、実はイブン・タイミーヤの言語論を詳細に見ると、意外な共通点が浮かび上がります。ヴィトゲンシュタインが哲学者の言語観を批判したように、イブン・タイミーヤも哲学者や神学者の言語観を批判し、言葉の意味は定義によって決まるわけでもなく、一つの語に一つの概念が本義として対応し、それ以外が転義である、ということはできないとします。神学者や哲学者は自分たちが合理的と考える解釈を本義として、その本義から形式合理的に演繹することで神学、法学を築き上げます。しかしイブン・タイミーヤはそれを批判し、クルアーンの言葉にはさまざまな用法があり、そのいずれもが正しい独自の意味を持っており、それは神学者や哲学者の恣意的な読み込みを排して、虚心に預言者ムハンマドと教友たちの言行から言葉の用法を観て、語用論的な意味を探ることによって知られることになる、と言うのです。

ヴィトゲンシュタインによると「言語において人間は意見の一致ではなく生活様式が一致するのである」(『哲学探求』二四一頁)。法学者イブン・タイミーヤは精緻な言語分析を行いましたが、重要なのは理論的考察ではありません。イブン・タイミーヤはあらゆる後世の夾雑物《きょうざつぶつ》を排して、預言者ムハンマドとその弟子たちの慣習をそのまま維持すべきと説いた「復古主義」のサラフィー主義者でした。イブン・タイミーヤは法学的に、ヴィトゲンシュタインの言語ゲーム論と同様な理路で、預言者とその弟子たちの生活様式を守ることが聖典の意味を正しく理解することである、と考えました。

彼は復古主義を唱え、神学的にこの宇宙を超えたこと、語り得ないことに関しては、この世界の外から来た言葉、すなわち聖典に自ら語らせ、その具体的内容については自分の言葉を付け加えないとすることで「語り得ないことについては沈黙する」という前期ヴィトゲンシュタインと同じ立場を取ったとも言いうるのです。

井筒俊彦のサルトル体験

ヤスパース[10]、サルトル、ハイデガーなど実存主義の哲学者は多くいますが、現代まで読まれているのは、ハイデガーだけです。ヤスパースは、もともと精神科医ですが、実存主義者としての著作はもう顧みられていません。現代でも引用されるのは、「軸の時代」という言葉です。前五、六世紀、古代ユダヤの預言者たち、ブッダや孔子、ギリシャの哲学者などが出てくるあの時代を、ヤスパースは「軸の時代」と呼びました。その時代に、今の人類の知恵が出揃い、現代の文明の基礎ができあがります。その意味ではヤスパースは世界の文明を相対化しているのですが、イスラームはそこには入ってきません。

サルトルは、構造主義者レヴィ＝ストロース[11]との論争に負けて落ち目になります。私が若い頃には実存主義が流行っていたのでサルトルもずいぶん読まれていたようですが、今の若い人たちは誰も読まないのではないでしょうか。私はドイツ哲学が好きでフランス哲学には興味がなかったので、ハイデガー、ヤスパースは読みましたが、サルトルは『聖ジユネ』を途中まで読んで投げ出した以外は、まったく読んだ記憶がありません。

サルトルについては受け売りですが、井筒俊彦は「戦後すぐにサルトルの『嘔吐』を読むことによって、自分の根源的ヴィジョンの形象化の可能性、体験の哲学的表現の可能性に気づいた」(『叡智の台座』岩波書店、一九八六年)と語っています。井筒が引用するのは『嘔吐』の以下の一節です。

(10) ヤスパース　カール・ヤスパース(一八八三年―一九六九年)。ドイツの哲学者。実存哲学の代表者の一人として知られる。精神病理学者から哲学者に転じた。ハイデルベルク大学で哲学教授となるも、ナチスに追われた。戦後、スイスのバーゼル大学で教授となる。一九三二年に発表した主著『哲学』で、自身の実存哲学を体系化させ、その地位を確立させた。

(11) レヴィ＝ストロース　クロード・レヴィ＝ストロース(一九〇八年―二〇〇九年)。フランスの文化人類学者。ベルギー生まれ。パリ大学高等研究院、コレージュ・ド・フランスの教授などを歴任し、フランスのレジオン・ドヌール三等勲章など多くの賞を受賞。オックスフォード大学やコロンビア大学の名誉博士号を授与されるなど、あらゆる分野に影響を及ぼした二〇世紀を代表する思想家として知られる。親族と神話の構造分析を行い、構造主義人類学を確立した。

マロニエの根はちょうどベンチの下のところで深く大地につき刺さっていた。それが根というものだということは、もはや私の意識には全然なかった。あらゆる語《ことば》は消え失せていた。そしてそれと同時に、事物の意義も、その使い方も、またそれらの事物の表面に人間が引いた弱い符牒《めじるし》の線も。背を丸め気味に、頭を垂れ、たった独りで私は、全く生《なま》のままのその黒々と節くれ立った、恐ろしい塊に面と向かって坐っていた。(『嘔吐』)

井筒はサルトル体験についてこう言っています。

古来、東洋の哲人たちが、「無」とか、「空」とかいう存在解体的概念の形で展開してきたものを、サルトルは実存的に「嘔吐」化し、それを一種の言語脱落、つまり存在の言語的意味秩序崩壊の危機的意識体験として現代哲学の場に持ちこんでくる。この主体的アプローチの斬新さが私を魅了した。それは、当時、ようやく私のうちに形成されつつあった意味分節理論の実存的基底が、東西文化の別を超えた普遍性をもつことを私に確信させた。それ以来、私の思想は、ある一つの方向に、確実に進み始めた。(「三田時代—サルトル哲学との出合い」『三田文学』第三号、一九八五年)

サルトルが時代の寵児になったのは、当時世界的流行であった「左翼学生」運動のスローガンとなった、単純化され「政治参加」の意味に理解された彼の「アンガージュマン（engagement）」という語によります。井筒は終生「非政治的」でしたが、彼の哲学的解釈もまた恐ろしい主体的決断を実存的とみなしている、という意味では当時の時代精神を反映していると言えるでしょう。

ハイデガーだけが今でも読まれ続けているのはなぜか

ヤスパースもサルトルも過去の人ですが、いまだにハイデガーだけは読まれ続けています。ただしハイデガーは、ナチスの協力者だったので、完全に復権できていません。ハイデガーは一九三三年にフライブルク大学総長に就任しナチスに入党していたことから、ハンナ・アーレント[12]、カール・レーヴィット[13]、レヴィナス[14]などのユダヤ系の弟子の哲学者たちは彼から離れています。ハイデガーはナチスの粗雑な反ユダヤ主義には反対していましたが、ユダヤ的なものに批判的で、ドイツ的なものに対する崇拝から、ナチズムに積極的に反対しなかったのは確かで、ナチスに対する協力に関しても、反省の念はありませんでした。

ハイデガーによると、人間とは自己をそこ（da）にある（sein）ものとして自覚する存在です。それゆえ実存主義の用語では人間の実存を現存在（Dasein）と呼びます。ただし、それは抽象的な存在ではなく、世界の中の他の存在者との関係の中でしか存在しえません。それを「世界内存在（In-der-Welt-sein）」と言います。

たとえば家具職人（現存在）であれば、家具を作るという目的のもとで彼がハンマーをふるう行為があり、それによってその入る場（世界）が工房になり、ハンマーには目的のための道具（世界内存在者）という意味が与えられます。それが「世界内存在」として生きる人間、現存在（Dasein）の在り方です。

抽象的で難解なわりに得るところの少ないフッサール⑮などに比べるとハイデガーははるかに読みやすく、誰にでも思い当たり生きる意味を考える手掛かりになる、という意味で、現在でも意義を失っていないと思います。

プラトンに始まる西洋形而上学のラディカルな批判者であると同時にその完成者としてニーチェを評価したのもハイデガーでした。まぁ、ハイデガーもナチスに利用されたとして批判されているので、ハイデガーに評価されても、あまりニーチェの名誉は回復されないとも言えるのですが。

ともあれ、本質が存在に先立つ、というプラトニズム以来の西洋哲学にラディカルな反省を加えた二〇世紀最大の西洋哲学者の一人、というのがハイデガーの哲学史の標準的な位置づけです。

(12) ハンナ・アーレント（一九〇六年―一九七五年）。アメリカの哲学者、政治学者。ドイツに生まれたユダヤ人。マールブルク大学でハイデガーに、ハイデルベルク大学でヤスパースに学んだ。ナチス政権成立後、パリに亡命したのち、アメリカに亡命。一九五一年に『全体主義の起源』を著し、全体主義国家成立の原因やその構造を徹底的に分析した。

(13) カール・レーヴィット（一八九七年―一九七三年）。ドイツの哲学者。ミュンヘン生まれ。フライブルク大学でハイデガーに師事。一九三六年から一九四一年までナチスに追われ、日本の東北帝国大学で講師となる。一九五二年に帰国し、ハイデルベルク大学教授となる。ハイデガー、フッサールに強い影響を受けた。主著『人間存在の倫理』（一九二八年）や一九世紀の思想史『ヘーゲルからニーチェへ』（一九四一年）などを刊行した。

(14) レヴィナス　エマニュエル・レヴィナス（一九〇六年―一九九五年）。フランスの哲学者。リトアニア生まれ。フライブルク大学やパリ大学などで学び、パリ第八大学、パリ第四大学などの教授を歴任。フッサールの現象学とハイデガー哲学をフランスに取り入れたことで知られるが、戦後はハイデガー批判に転じた。ユダヤ教と現象学研究に基づいた、絶対的他者の経験による独自の哲学を展開した。

「存在と規律」の境界を突き詰めた法哲学者ケルゼン

哲学の概説書では法哲学はあまり扱われないのですが、法の宗教であるイスラームの研究者としては法哲学をはずすわけにはいきません。西洋では哲学と同じく法学も大陸法と英米法に大別されます。法哲学も同じです。英米法系の代表的法哲学者としてはH・L・A・ハートとロナルド・ドゥオーキン[16]があげられますが、私が好きだったのは大陸法系の法哲学者ハンス・ケルゼン、カール・シュミット[17]、グスタフ・ラートブルフ[18]です。本項ではイスラーム法を理解する上でもっとも直接的な影響を受けたケルゼンの話をしましょう。

ケルゼンは広い意味でのウィーン学団の影響圏にあった人で、哲学的には新カント派に分類されます。存在と規範を分けるということを極限まで突き詰めて考えた哲学者です。西洋の法哲学は法実証主義学派と自然法学派に二分され、さらにそれが大陸法系と英米法系に分かれるのですが、そういう意味では、ケルゼンは大陸法系の法実証主義の法哲学者の代表です。ケルゼンはもともと法哲学者としてドイツで大きな影響力を持っていたのですが、ユダヤ人であったためナチスの迫害を受けてアメリカに亡命します。ヴィトゲンシュタインからも影響を受けているようですが、それについては私が知るかぎり自分では述べていないので、文献学的には確認できません。彼の法哲学はその代名詞にもなっている『純粋法学（Reine Rechtslehre）』（一九三四年）に大綱が述べられています。

(15) フッサール　エトムント・フッサール（一八五九年―一九三八年）。ドイツの哲学者。オーストリア出身のユダヤ人。ウィーン大学等で数学を学んだが、哲学に転向し、ブレンターノに師事。現象学の創始者として知られる。主著『論理学研究』はフッサールの現象学の方向性がはじめて提示された画期的大著で、「純粋論理学と認識論の新たな究極的基礎づけ」がなされた。現象学はハイデガーらに継承され、哲学のみならず精神医学や言語学、芸術や政治など多くの分野に影響を及ぼした。

(16) ロナルド・ドゥオーキン（一九三一年―二〇一三年）。アメリカの法哲学者、政治学者。イェール大学教授、オックスフォード大学教授、ニューヨーク大学法科大学院教授などを歴任。オックスフォード大学教授はハートの後任として指名された。ハートが提唱した法実証主義を批判する立場をとり、主著『法の帝国』でも強い批判を展開した。

(17) カール・シュミット（一八八八年―一九八五年）。ドイツの政治学者、公法学者。ケルン大学、ストラスブール大学教授などを歴任。第一次世界大戦後、ヴァイマル体制、ヴェルサイユ体制、自由主義への批判を展開した。ヒトラー政権成立後はベルリン大学教授に指名され、ナチスの法学理論の中心的存在となった。第二次世界大戦後は一時アメリカ軍に捕らえられるも、ドイツで著述活動を継続させた。

(18) グスタフ・ラートブルフ（一八七八年―一九四九年）。ドイツの法哲学者。キール大学、ケーニヒスベルク大学の教授を歴任。新カント派に属し、価値相対主義に基づいた法哲学を確立した。日本の法学にも大きな影響を与えた一人として知られる。

法の生成過程と法の論理構造を区別

ケルゼンは法学に動態法学と静態法学という区別を立てます。動態法学というのは、法の生成過程を、静態法学は法の論理構造を分析します。動態法学によると憲法が法律の制定を授権する立法府を設定することで、立法府が法律を作ることができます。今度は法律が上位の規範となって法律によって授権されることによって政府が政令、都道府県が条例を作ることができます。実際には、さらにその下に規程、告示、訓令、要綱、要領などいろいろな下位の法が次々と生み出され、最終的に具体的な行為がなされます。

静態法学によると、たとえば警察官が職務質問をしてもいいか、といった問題なら、「合理的に判断して何らかの犯罪を犯すか、犯そうとしていると疑う理由があれば許される」といった警察官職務執行法の規範に、その規範の合法性は「公共の安全と秩序を維持する」という上位の警察法の規範に、その規範の合法性は「権限を有する司法官憲の逮捕権」や「財産権」や「生命権」などの上位の憲法の規範に照らして、憲法の規範の合法性は、人権、民主主義、立憲主義などの根本規範によって判断されます。根本規範は、分析上、それ以上に遡ることができない仮定である、というのが法実証主義の立場です。

自然の法則と神の法則は同じと言ったケルゼン

ケルゼンは二〇世紀の法哲学の巨星ですが、実は法哲学を超えて、哲学においてもさまざまな分野で独自の貢献をしています。ここでは因果律批判を紹介します。ケルゼンは自然科学の因果律は、実は神話的応報律に由来している、と言います。私の言葉で説明します。

古代、近代、現代を問わず、自然科学では、何らかの出来事は何らかの原因があって起こる、と考えます。火事になると木造の家は焼け落ちます。火に燃やす力があって家を焼く、というわけです。法学だとどうなるでしょう。たとえばあなたがピストルで私を狙って「中田、死ね」と言いながら撃って、弾が当たって私が死んだとします。その場合、あなたは殺意をもって私を殺したので、殺人罪にあたる、と判決がくだされます。しかし、あなたにそんな力があるわけではありません。実際には世の中の出来事は、無限の事物の相互関係によって成り立っているのであり、その中のいくつかを取り上げてこれが原因、と言えるものではありません。「無限の」といっても、全宇宙ではなく、光円錐内のすべての事物、ということです。私が死んだのは、あなた、ピストル、銃弾などだけによるわけではありません。大気、地面、太陽などあらゆるものが原因なのです。その中の一つだけを取り出す、というのは法学の考え方です。因果律批判はヒュームなども言っていますが、法の帰責の視点から述べたのはケルゼンだけです。法学の原始形態を探っていくと、応報に行き着き、問題を起こした者に責任を負わせる、という規範の意識が、自然法則の意識よりも先に生まれます。

簡単な自然法則は赤ちゃんでも理解すると言われていますが、幼児の言語の発達に照らしても、「～しなさい」とか、「～してはいけない」という命令形のほうが先に教えられます。「ダメ」が最初に教えられるわけで、まずそれを教えないと、子どもが死んでしまいます。物事の因果関係についての話はその後です。歴史的には、多神教では、自然現象は神々と表象されます。それから神々の概念が自然に投影され、応報律が因果律になるのですが、それがもはや現代人には意識されなくなっているだけ、というわけです。ヒュームは物事が順に生起するという事実はそれだけのことしか意味せず、それらの間に因果関係が存在しているとは言えない、法則とは人間の頭の中に作り上げたものに過ぎない、と言いますが、なぜそんなことをするのかを、人間の原初的な志向から生まれた、と分析するのがケルゼンです。自然の法則と神は同じです。物事に責任者を立てて、責任を負わせないと人間は人間として生きていくことができません。

本能的な知覚から一般法則が生まれる

人間をピストルで撃つことは自然現象の一部であるが、それを自然法則としてしまうと、罰するとか報復するとかができないので自然法則とは別の規範としての法律が求められる、という考え方があります。雷が人を殺しても雷を裁判にはかけませんし、トラや狼が同じことをしても普通はそうです。法が適用されるのは人間だけです。ケルゼンによると、これは逆です。自然の因果関係というか、物事の継起の法則性のようなものは、動物でもある程度理解します。本能としてもともと備わっているものです。それを言語化して、一般的な法則として概念化するのは人間の段階です。人を殴ってはいけない、ということは、殴るということで起きる因果関係を理解する前に、「人が殴ってくると痛い、嫌だ、困る」ということはわかります。それで「殴っちゃダメ」となるというわけです。それは自分の動きを理性で因果的に理解するより前ですよね。そちらのほうが、生きるためにまずわかるべきことです。そうした本能的な知覚から一般法則が生まれます。物事の継起の法則性が応報律、法的なものから発展的に理解されて、それが拡張されることによって、事象の継起の法則性が、神の創造になるということで一貫性、完徹性が保証されている、という理解がなされ、その後に合理化が進むことでイデア的なものを廃する、という形で判断停止し、その理路が一旦忘れられます。そして現段階では、自然法則がある、ということが無根拠に信じられているわけです。しかしそれは応報律に由来し、今もそのイデオロギー的残滓《ざんし》が付着しているというのがケルゼンの考え方です。四〇年かけて私流にアレンジしているので、だいぶオリジナルと違っているかもしれませんが。

ケルゼンの著作集を読むとこういう議論が出てきますが、一般的な本を読むと、純粋法学の話しか出てこないので、あまり知られていませんが、私は哲学的にケルゼンは再評価されるべきだと考えています。幸い日本はケルゼン研究については蓄積があり、今はあまり流行っていませんが、日本語でも読める本がたくさんあります。興味を持たれた読者は取りあえず長尾龍一の法哲学書から読んでみてください。ついでに本書では取り上げないカール・シュミットについても学べます。

イスラームにおける法実証主義と自然法論の対立

新カント派の、存在と当為の峻別について、神学者としてのイブン・タイミーヤは、ケルゼンでは判断停止する根本規範を神の意志に遡って基礎づけます。イスラームにも法実証主義と自然法論の対立に対応するものはあります。特にムウタズィラ派が詳細に論じています。ムウタズィラ派は一二世紀には滅びますが、その作品は現在でも読むことができます。

イスラームにも法実証主義と自然法論の対立に対応するものがあると言いましたが、それは極めて大雑把な話で、基層の世界観がまったく違うことも知っておかなければなりません。そこでイスラームの法哲学、倫理学の概略を以下にまとめておきましょう。

イスラームの道徳哲学は功利主義

イスラームの場合、スンナ派、シーア派、ムウタズィラ派、それにサラフィー主義、法実証主義、自然法論まで含めても、善悪の定義は一致しています。有益なものが善、有害なものが悪であり、有益、有害とは価値に適合するものです。その意味でイスラームの法、道徳哲学は、基本的に相対主義、功利主義です。その上で、善悪がモノや行為に内在的な性質なのか、神の命令によってそうなるのか、その善悪が理性によって知られるのか、啓示によって知られるのか、が争点になります。

哲学的な細かい議論を別にすると、善悪は基本的にニーチェ的に言うと自己肯定的、美しい、快い、楽しいものです。倫理的な善と、幸福的なものは截然《せつぜん》と分かれておらず、人間的な善と同等に語られるものですね。たとえば、ナツメヤシの実は甘くておいしくて栄養がある、これは道徳的な善ではありませんが、アラビア語では礼拝や喜捨のような善行と同じ「良いもの（ハイル、タイイブ）」と呼ばれます。その両者を含めて議論するのですが、定義として善悪は目的に適うものである、という前提から始まります。そこで神の正義、この世界はそもそも善なのか、悪が存在するのか、という議論、いわゆる弁神論が、神の正義の問題として論じられます。

神が命じたことが善なのか、神は善しか命じないのか

人間の善悪については、善とは人間にとって良いものであり、神は良いものを命じている。そこまでは異論はありません。しかしそもそも善悪とは何かについては、物自体に善悪が客観的に存在する、という説と、神が命じたものが善であって、禁じたものが悪である、という説が対立します。最終的には、神は良いことを命じて、悪いことを禁じている、ということになるので、結果としては同じです。ところが神が命じたことが善である、ということであれば、そもそも定義上神の命じたことは善ですから同語反復で何も言っていないに等しくなる。逆に物事が本性上善か悪であるとすれば、神が善を命じたというのは、そもそも善だから命じたのであって、悪であれば命じることができない。神は自由に命じることはできないことになり、神の全能性を損なうという反論がありえます。しかしそもそもその物を善として創造したのは神なので、全能性は保たれているとも言えます。

そうした論点はありますが、最終的には多数派のスンナ派神学では、神が命じたことが

善であって、神はすべてのことを命じることができるが、神は自由な意志によって善しか命じない、といった話に落ち着きます。

それに対して善悪は事物の客観的な本性であり神は善しか命じない、というのが哲学者やムウタズィラ派、シーア派の立場になります。神は正義の神であり、悪であることはできません。しかし「できない」からといって、無能なのか、というと、そうではなくて、論理的に不可能なことは神にもできない、そもそも論理的に不可能なことは考えることができないので論じることに意味がない、ということになります。細かい議論はいくらでもありますが省略します。

イスラーム法と法実証主義の相違点

そうした議論をふまえた上でイブン・タイミーヤは、事物には客観的な善悪があり、神は善を命じて、悪を禁じ、人間は理性によって善悪を知ることができる、と言います。啓示を待たずに人間が理性で善悪を判断できないなら、啓示が善なのか悪なのかを知ることができないからです。しかし我々の理性に善悪を見分ける能力があることと、詳細に至るまで精確に知りうることとは別のことです。晴眼者であれば明るい昼間に三毛猫とカラスを見間違えることはありませんが、暗闇では猫と鳥を見分けるには暗視ゴーグルが必要で、血痕だけから識別するには顕微鏡で見て解析することが必要になるのと同じです。

善悪も同じでおおまかには理性で見分けられても、詳細まで知るには、全知全能の神の啓示が必要となります。ただしたとえ神からの啓示であっても、有限な語からなる人間の言葉で書かれている以上、宇宙のすべての事象を網羅することはできません。啓示とはいえ、ルールの存在しない「疑わしい半影」は残り、誰であれ自分の力に応じて啓示に基づく司法裁量（イジュティハード）は必要になります。

人間は理性だけでは善悪の詳細は識別できないため、人間の間で善悪の判断の一致を得るためには言語で指示された詳細な命令の体系が必要である、という意味では、イスラーム法は法実証主義、ケルゼンと近いといえば近いけれども、違うといえば違います。法実証主義の場合、ケルゼンの根本規範のように、法規範の最終根拠は立法者による法制定の事実だけであり、その体系の最上位の法規範の「善性」を保証するものは何もありません。というのは法実証主義にあっては、善悪はある価値目的に照らして決まる相対的なものですが、近代ヨーロッパの自然科学がアリストテレスの自然学の目的因を排除してしまったため、自然の中に善悪の価値観がなくなってしまったので、実定法の最上位規範、「根本規範」の「善性」を根拠づけることができないからです。一方、イスラームでは、宇宙の外にある神の意志が価値の目的となり、それに適うものが善、と決めることができます。

イスラームにおいて善悪は二義的なものでしかない

無神論、より正確に言うと、学問から神を追放する不可知論では、法哲学や倫理学（道徳哲学）におけるもっとも基礎的なカテゴリーは善悪になります。新カント派などの大陸系では、存在（Sein）と当為（Sollen）を峻別し、存在者の事実の世界とは違う当為の世界に法は属するとし、当為の規範の体系として法を分析しますが、当為の規範が善であることの証しは、その規範の当該体系内での普遍的妥当性自体しかありません。一方、英米法の経験論では、善悪を事実の世界のなんらかの自然的性質に還元することを「自然主義的誤謬《ごびゅう》」と呼びます。つまり善悪とは、存在するか否かが観察可能な事実命題で、記述できないような直観によってのみ把握できる非自然主義的対象ということになりますが、その存在論が問題になることはありません。どちらにしても、善悪は、それ以上に他の何ものにも還元できない根源的な非カテゴリーであって、それによって他の規範科学、価値科学を基礎づける、という位置づけになります。

法の宗教であるイスラームやユダヤ教と違い、天啓法を持たない西洋キリスト教世界の学問では、神学であれ哲学であれ法学であれ、善悪を分析のためのもっとも基礎的な概念とみなします。しかしその分析枠組みはイスラームには通用せず、むしろミスリーディングです。帰依、服従を意味するイスラームにおいては、もっとも基礎的なカテゴリーは神への服従と不服従であって、善悪ではないからです。イスラームにおいては服従か不服従かが重要であって、人間に有害か無害かで定義されるような善悪は二義的でしかない、というのが、私の修士論文『イブン・タイミーヤの実践哲学』（東京大学大学院人文科学研究科、一九八六年）の結論でした。

マルクス主義にとどめを刺した構造主義

構造主義は学際的な思想潮流でした。人類学のレヴィ＝ストロース、言語学のヤコブソン[19]、児童心理学のピアジェ[20]などが代表です。構造主義は当時流行していた歴史主義と実存主義に対するアンチテーゼでした。歴史主義の代表はマルクス主義の唯物史観です。経済という下部構造の弁証法的発展によって歴史は進歩していく、という考え方です。しかしそうではなく、一つの要素が他のすべての要素と相互依存的に均衡したポジションを取ることで生ずる、より高度な均衡に向かう動的な関係性としての構造が世界を形作っている、と考えるのが構造主義です。

ピアジェの場合だと、脳と身体の発達とともに、子どもの認識の構造がより高度な均衡の構造に移行することで、（一）感覚運動期（〇―二歳）、（二）前操作期（象徴的思考期 二―四歳／直観的思考期 四―七歳）、（三）（実際に手を動かさず情報の処理、論理的思考を頭の中で行えるようになる）具体的操作期（七―一一歳）、（四）形式的操作期（一一―一五歳）の四つの段階を経て完成すると述べています。

歴史的発展ではなく、動的均衡化構造が時代を超えてあるとの構造主義が歴史主義に対するアンチテーゼとなりました。思想史的にも、政治的にも、二〇世紀中盤の最重要な出来事の一つは、構造主義によってマルクス主義の考え方が力を失って、人文社会科学の潮流が歴史分析から構造分析に取って代わったことです。思想史的に回顧するとマルクス主義にとどめを刺したのは構造主義だったと思います。中でももっとも有名だったのがレヴィ＝ストロースです。

(19)　ヤコブソン　ロマーン・オシポヴィチ・ヤコブソン（一八九六年―一九八二年）。アメリカの言語学者。ロシア生まれ。プラハ学派を代表する一人として知られる。ハーバード大学、マサチューセッツ工科大学などの教授を歴任。構造言語学の先駆者として構造主義音韻論を確立させた。

(20)　ピアジェ　ジャン・ピアジェ（一八九六年―一九八〇年）。スイスの心理学者。ジュネーブ大学、ローザンヌ大学などの教授を歴任。子どもの認知発達の過程を分析し、子どもの思考の特性を指す「自己中心性」という用語を生み出した。

イスラームを嫌ったレヴィ＝ストロース

じゃあレヴィ＝ストロースの何が大きかったのか。『親族の基本構造』（花崎皋平他訳、番町書房、一九七七年、原著は一九四九年）が一番有名です。オーストラリアの「未開部族」カリエラ族の婚姻規則の中に、クラインの四元群と同じ構造があることを見出しました。それまで未開とみなされ、人類学の対象としていた部族の婚姻関係が、数学の論理に対応していることを発見したのです。近親相姦のタブーについてのレヴィ＝ストロースの厳密な数学的分析による説明の前には、それまでの心理的な説明や、マルクス主義の歴史的な説明はいかにも場当たり的で色褪《あ》せて見えます。レヴィ＝ストロースはその後も社会関係だけでなく、食物規定などの文化的分類にも、隠れた数学的構造があることを発見していきました。また『野生の思考』（大橋保夫訳、みすず書房、一九七六年、原著は一九六二年）では呪術や神話の中に近代以降のエンジニアリングの思想に対置される普遍的な知の在り方を見出し、それを「ブリコラージュ（寄せ集め）」と呼びました。

　レヴィ＝ストロースはイスラームが非常に嫌いでした。ただし非常に屈折した言い方をしています。彼は仏教、キリスト教、イスラームを並べ、仏教を一番高く評価し、歴史的にキリスト教、イスラームと劣化していったと述べます。その上で、キリスト教の前にイスラームが立ちふさがることで、キリスト教が仏教に戻る可能性が断ち切られ、キリスト教がイスラーム化してしまった、という言い方です。ダイレクトなイスラーム批判ではなく、自己批判の形を取ったイスラーム批判です。

宗教学の視点からは、キリスト教はアブラハム的一神教として、ユダヤ教、キリスト教、イスラームと並べるのが常識です。キリスト教に仏教が影響を与えた、という説はあることはありますが、宗教学の中では「とんでも」扱いで、主流の聖書学者、キリスト教学者、仏教学者は取り合いません。仏教、キリスト教、イスラームというレヴィ＝ストロースの並べ方は、宗教ではなく、民族の視点からの人類学者らしいともいえます。インド文明は先住のドラヴィダ人をアーリア人が征服してできた文明で、ブッダはギリシャの哲学者たちと同類のアーリア系の哲学者ともいえます。イエスは既述の通り、ユダヤ人の母マリアとローマの軍人との間に生まれた私生児、セム人とアーリア人の混血、ムハンマドはセム人です。つまり、レヴィ＝ストロースはアーリア民族主義者だと考えると納得がいきます。

以下に『悲しき熱帯Ⅱ』（川田順造訳、中央公論社、二〇〇一年、原著は一九五五年）からレヴィ＝ストロースの言葉をいくつか引用しておきましょう。

> その存在が私を苦しめたのは、とりわけイスラムだった（三九四頁）
>
> 予言者マホメットは、寛容を勧めながら、イスラム教徒たちを、啓示の普遍妥当性

と複数の宗教的信念の容認とのあいだの矛盾から生じる永続的な危機の状況の中に位置づけた。そこにはパヴロフ的な意味における「背反的」状況があり、それが一方で不安を生み、他方では自己満足——なぜなら、イスラームの恩恵によって、信徒はこのような葛藤を超克する力を自分がもっていると思うから——の源となっている。だが、それも見せ掛けにすぎない(四〇三頁—四〇四頁)

イスラムの近隣で感じられる、あの居心地の悪さ、その理由が、私には解り過ぎるほどわかる。イスラムのうちに、私は、自分が後にしてきた世界を再び見出す。イスラム——それは東洋《オリエント》の西洋《オクシデント》だ。もっと正確に言えば、今日フランス思想を脅かしている危険を測るためには、私はイスラムに巡り合う必要があったのだ。イスラムがわれわれの似姿を私に見せつけ、フランスがどれだけイスラム的になりつつあるかを私が確認せざるを得ないようにしたことで、私はイスラムを責めたくさえある。われわれの社会におけるのと同様に、イスラム教徒のあいだで、私は、同じ書籍偏重の態度、同じユートピア志向、そして問題を神の上で明解に解きさえすれば直ちにそれから解放されるとする、あの頑《かたく》なな思い込みを認めるのである(四〇九頁)

マホメットが成功した事柄において失敗したからである。イスラム世界と同様に、大革命を成し遂げたフランスは、悔悟に充たされた革命家たちに固有の運命を辿った

（中略）まだわれわれへの従属下に置かれている民族や文化に対する関係では、われわれも、イスラムが、その被保護者およびそれ以外の世界を前にして苦しんでいるのと同じ矛盾に捉えられている。われわれ自身の開花を保証するには豊かなものだった諸原理が、他の人々にとっては、彼らなりにそれらの原理を用いることを断念したくなるほど、尊敬に値しないとは、われわれは思わないのである（四一〇頁）

死者に嘖《さいな》まれること、あの世での邪悪な処遇、そして呪術の責め苦——それらのものから解放されようとして、人間は三つの大きな宗教的試みをした。およそ五百年の間隔で隔てられて、人間は仏教、キリスト教、それからイスラムを次々に考案した。そして、各々の段階が、前者との関係で進歩を記すどころか、むしろ後退を示しているのは驚くべきことだ（四一五頁）

イスラムがわれわれをイスラム化したのは、仏教とキリスト教との間に自らを挿入することによって、西洋《オクシデント》が十字軍に引き摺《ず》られてイスラムに対立しようと、従ってそれに似ようとしていた時であった。もしイスラムが存在していなかったならば、われわれをさらにキリスト教化したかもしれない仏教、そして或る意味では、われわれがキリスト教のこちら側までしか遡上できないだけに、なお一層キリスト教的な仏教とのあいだの緩やかな相互滲透に、西洋《オクシデント》はむしろ同調していたかもしれないのであ

る。西洋《オクシデント》が女性として留まる機会を失ったのは、その時である（四一七頁―四一八頁）

現在のインドの宗教はヒンドゥー教ですが、これは三〇〇〇年前のインドのバラモン教とは区別されます。バラモン教のバラモンという階級自体がヨーロッパ人と同じアーリア人でした。インドは大きく二つに分かれます。サンスクリット語やパーリー語はインド・ヨーロッパ語族です。たとえばサンスクリット語deva（神）、古代ペルシャ語・アヴェスター語daēva、ギリシャ語zeus、ラテン語deusは同語源です。顔立ちとか色についても、インドでも色は白いほうがいいのです。それは実は征服民がヨーロッパ系だったからで、顔立ちもヨーロッパ系の顔をしているのは征服民です。色が黒いタミル系の人は南方に住んでいます。そういう意味ではもちろんレヴィ゠ストロースは人類学者なのでこういうレイシスト的なことは明言はしていませんが、本心はそういうことでしょう。ヨーロッパがアーリア的仏教的なものに回帰したほうが女性的で平和な世界、多文化を許容するような世界ができたはずなのに、セム的なイスラームがヨーロッパとアジアの間に生まれたために、現代世界は殺伐たるものになった、ということです。ギリシャ文化とヘブライ文化の統合がヨーロッパですが、レヴィ゠ストロースはヨーロッパからヘブライ的なものを排除しようとした人だったと思います。名前からもわかる通り、彼自身ユダヤ系で反ユダヤ主義による被害も被っている人ですから、いろいろ複雑な思いがあったとは思いますが。

イスラーム社会学の祖、イブン・ハルドゥーン

イブン・ハルドゥーンは一四世紀の北アフリカのイスラーム学者ですが、社会学、経済学、人口学などの祖ともみなされ、一七―一九世紀のオスマン帝国の知識人に影響を与え、中世最大の哲学者の一人として一九世紀にはヨーロッパにまでその名声は広まっていました。

イブン・ハルドゥーンはイスラーム学者の一人として、イスラーム法学、神学などを修めましたが、それに加えてイブン・スィーナー、イブン・ルシュドの哲学、数学、歴史学などを学んだ百科全書的知識人でした。その主著『歴史序説』（森本公誠訳）は一九七九年に岩波書店から公刊されていますので、ぜひ読んでください。

イブン・ハルドゥーンは、アサビーヤ（連帯意識）が原動力になって社会が発展するという理論を作りました。イブン・ハルドゥーンは遊牧社会に生きていましたので、アサビーヤは基本的に部族の血縁意識ですが、宗教がアサビーヤの基盤になって社会が発展する場合もあります。預言者ムハンマドとその高弟たちの時代にはイスラームが強力なアサビーヤを生み出し、わずかな期間に広大なイスラーム帝国が形成されました。しかし、そう

して社会が発展して都市が生まれ、経済活動が盛んになり富が蓄積され生活が奢侈《しゃし》に流れると、人間は利己的になりアサビーヤは弱まります。そうなると社会的紐帯《ちゅうたい》が弱まり、社会は弱体化し、質実剛健で強いアサビーヤを有する別の部族が台頭し権力の交代が起こります。イブン・ハルドゥーンは、王朝は繁栄し奢侈によりアサビーヤが消滅し三世代で滅びがちであると述べていますが、日本でも「売り家と唐様で書く三代目」との諺《ことわざ》がありますね。

イブン・ハルドゥーンは人間社会の発展、景気変動と不況の発生、労働による富の生産のメカニズムを発見し、生物を進化によって分類した系統図のようなものも作っています。彼の学問には、後の社会学や経済学の先駆となる多くのアイデアがちりばめられていましたが、イスラーム文明は社会学をマドラサ（学院）のカリキュラムの中に組み込んで制度化しなかったので、イブン・ハルドゥーンはイスラーム社会科学を創造することはできず、彼の学問は彼だけのもので終わってしまいました。イブン・ハルドゥーンが再発見されるのは、トルコがヨーロッパ帝国主義列強によって植民地化されるのを避けるために、独自の近代化の道を模索する中でのことです。

フランクフルト学派がマルクスとフロイトを武器とした所以

フランクフルト学派とはドイツにおけるマルクス主義の学術拠点として一九二三年に設立されたフランクフルト社会科学研究所に拠った研究者集団の総称です。初代メンバーはホルクハイマー（一八九五年―一九七三年）やアドルノ（一九〇三年―一九六九年）などほとんどがユダヤ系で、マルクス主義とフロイトの精神分析を総合し、批判理論によって啓蒙主義、西洋文明を批判する社会哲学を展開しました。ナチスによるユダヤ人迫害を逃れてメンバーの多くがアメリカに亡命しましたが、第二次世界大戦後、ドイツに戻って研究所を再興しました。

ヘーゲル、マルクス的に言うと、人類文明の最先端にあるはずの西洋で、なぜナチスのような野蛮が生まれたのか、というのが一番根本にある問題意識です。フロイトもマルクスも素朴に科学の進歩を信じた啓蒙主義の一九世紀の人でした。マルクス主義は科学的社会主義を謳《うた》っており、精神分析は流体力学をモデルに構築されました。しかし啓蒙主義では、なぜ合理的な西洋からナチスが生み出されたのか、を説明できません。しかしマルクスもフロイトも、自然科学的な装いをしていますが、その人間観は、フロイトの場合は無意識、マルクスの場合は下部構造によって動かされており、人間の意識はその反映でしかないと言っているわけです。フランクフルト学派の批判理論が、マルクス主義と精神分析を主たる武器とした所以です。

二〇世紀になっても、資本主義やナチスのような合理性を装った野蛮なものが現れることは、自然科学の考え方では理解できない、という問題意識からフランクフルト学派の人たちは、啓蒙主義の理性を道具的理性と呼び、マルクス主義と精神分析を手掛かりに、当時の世界、あるいは社会の批判的理解を目指しました。マルクスもフロイトもユダヤ人でしたし、フランクフルト学派の初代メンバーもほとんど全員がユダヤ人で、ユダヤ系の学問とも言えます。

マルクスにもフロイトにも、どちらにも、人間が意識の表層で考えて自分たちがそうだと思い込んでいる裏には、人間を本当に動かしている隠れた動因があって、そのことを明らかにすることによって、人間は解放される、そういう考え方があったんです。その意味では、マルクスの議論もフロイトの議論も、人間の意識を動かしているものがあってそれを暴露することが真の啓蒙である、という考え方を共有していました。

宗教用語を駆使してイデオロギー批判をしたフロム

私がもっとも影響を受けたのは、エーリッヒ・フロムです。フランクフルト学派の中でも一番宗教的でした。アメリカに亡命した後にメキシコに移住します。そういう意味でもアメリカにも批判的だった人です。フロムは鈴木大拙[21]とも対談しており『禅と精神分析』(鈴木大拙、E・フロム、R・デマルティーノ共著、小堀宗柏他訳、東京創元社、一九六〇年)という題名で邦訳も公刊されています。鈴木大拙は英語圏で禅仏教を広めた人ですが、もともとは京都学派の哲学者です。フロムは宗教の用語を駆使してイデオロギー批判をしていたので、宗教学を専攻していた私は学生時代からその著作に親しんでいます。『自由からの逃走』(日高六郎訳、東京創元社、一九五一年、原著は一九四一年)が有名ですが、私が一番影響を受けたのは『ユダヤ教の人間観―旧約聖書を読む』です。二〇一〇年に『自由であるということ―旧約聖書を読む』と改題されて河出書房新社から再版されています。

フロムは人間には「有る(being)」と「持つ(having)」の二つの生活様式がある、と言います。「有る」生活様式とは、生成変化の過程としての現在を生きることであり、「持

(21) 鈴木大拙(一八七〇年―一九六六年)。仏教哲学者。石川県金沢市生まれ。鎌倉円覚寺の釈宗演に師事したのち、東京帝国大学で学び、その後アメリカに渡る。『老子道徳経』『大乗起信論』を英訳し、『大乗仏教概論』『禅と日本文化』などを英文で刊行。禅や仏教思想を海外に広く普及させ、世界の思想家たちに高く評価された。

つ」生活様式とは、何かを固定して永久に保持しようとすることだと言います。生とは変化であり、永久に変わらず保持するとは、死を求めることです。

フロムは言語分析を用います。セム語のアラビア語、ヘブライ語には英語の「持つ」という言葉はありません。もちろん、「摑む」にあたる単語はあります。ただ英語のように、抽象的な所有の意味での「have」にあたるものはないのです。フロムによると「持つ」の多用は資本主義の特徴です。英語でも、もとは動詞を用いていたものが、資本主義の浸透によって、「have」に名詞をつける表現がどんどん増えていきます。

生きているものは不断に生成変化します。所有できるものとは死んだものであり、所有するとは対象を殺すことです。フロイトの精神分析では小児期を（一）口唇期、（二）肛門期、（三）男根期に分けますが、資本主義的所有とは、口唇期に形成される貪りの性向、肛門期の貯蓄性向、男根期の攻撃性向、そしてタナトスによって分析することができます。

資本主義社会と相容れないフロムの「有る」生活様式

話はとびますが、『ドラゴン桜』[22]第二シーズンで、発達障害で昆虫が好きな生徒、原健太が出てきます。実はすごい才能があるのだけれど、桜木先生が来るまでは誰もその才能に気づきません。桜木先生が来る前、他の先生たちはその子に勉強をさせようと、好きな昆虫の標本を与えます。しかし、健太はそれにはまったく興味を示さず、先生たちはなぜだかわかりませんでした。健太が好きなのは生きた昆虫とともに生きることなのですが、資本主義社会での「健常者」である先生たちにとって、「昆虫好き」とは、昆虫を殺してその死体を標本にし、所有して飾っておくことだからです。生きて自由に飛び回っている昆虫は売り物になりません。殺して標本にし、固定し、所有し、売り物にし、博物館に飾る。それがフロムの言う「持つ」生活様式、資本主義的生活様式であり、資本主義社会では障害者扱いされる健太の生き方が「有る」生活様式で、それに気づいていたのが桜木先生だったわけです。

(22)『ドラゴン桜』三田紀房の漫画作品。二〇〇三年から二〇〇七年まで『モーニング』(講談社)で連載された。全二一巻。倒産危機にある高校を再建させるべく、弁護士の桜木が偏差値の低い生徒たちを半年で東大に合格させるまでの奮闘を描いた受験漫画。漫画内に登場するユニークな勉強法が話題となった。また本作品を原作としたテレビドラマの主演は阿部寛で、二〇〇五年に第一シーズン、二〇二一年に第二シーズンがTBS系列で放送された。

領域国民国家システムを偶像崇拝の観点から批判したフロム

フロムは、領域国民国家システムそれ自体、またその中で生きる人間の病理についても、偶像崇拝の観点から述べています。

　現代をも含めて人間の歴史の中で今日にいたるまでいかなる偶像が崇拝されてきたかを逐一はっきりとつきとめなければならない。かつては偶像は動物、木、星、男または女のかたちをしたものなどであった。それは、バアルとか、アシタロテとか呼ばれ、またその他幾千という名で知られてきた。今日、それらは、名誉、国旗、国家、母、家族、名声、生産、消費といったいろいろな名で呼ばれる。けれども正式の礼拝は神であるというたてまえからいって、今日の偶像が人間の崇拝のほんとうの対象となっていることはなかなか見破られない。（中略）かつてアズテック族が神々に捧げた人柱と、戦争のさいにナショナリズムや主権国家という偶像に捧げられる現代の人柱の間には、われわれが考えるほどのひらきが実際にあるのだろうか。（中略）「偶像学」は、疎外された人間は必ずや偶像崇拝者であるということを教える。というのは、その人は自己の生きた力を自分の外にある物の中に移入することによって自己を貧困化するとともに、自分を少しでも保持し、ぎりぎりのところで、自己の同一性を保と

うとして偶像崇拝におちいらざるをえなくなるからである。（E・フロム『ユダヤ教の人間観』六三頁―六四頁）

イスラーム哲学者の一人である私の領域国民国家システム批判、カリフ制論は直接フロムの影響を受けています。その意味で、フロムは現代における西洋哲学のイスラーム哲学への影響の実例となっています。

現代イスラーム哲学者たち

現代のイスラーム世界では大学などの学校制度は日本と同じく西洋を模倣したものですから、大学の文学部には哲学科が置かれ職業哲学者によって哲学が教えられています。しかし残念ながら「現存するもっとも影響力ある五〇人の哲学者」といった企画で名前があがるような著名なイスラーム世界の哲学者はいません。

ここでは現代のイスラーム世界の代表的哲学者の名前を二人だけあげておきましょう。

最初は私のカイロ大学での哲学の指導教官だったハサン・ハナフィーです。

ハサン・ハナフィーはエジプト人で、フランスのソルボンヌ大学で現象学をテーマに博士号を取得した哲学者ですが、西洋の解釈学的方法を取り入れながらも西洋の植民地主義を批判しイスラームの伝統の再解釈による近代化を目指す、自ら『西洋学（オクシデンタリズム）』と名づけた独自の哲学を打ち立てました。代表作は一九八〇年に出版された『伝統と革新』、一九八八年に出版された『信条から革命へ』（全五巻）です。

二人目はモロッコ人哲学者のアービド・ジャービリーです。ジャービリーはイブン・スィーナーなどの東方アラブの哲学を秘教的であると批判し、西方アラブの理性主義的なイブン・ルシュドやイブン・ハルドゥーンの伝統に依拠することで理性と信仰の調和を目指す新アヴェロエス主義者、新ハルドゥーン主義者であると同時に、アラブの精神を分析するデカルト主義者、アラブのエピステーメーを考古学的に研究するフーコー主義者でもあります。

代表作は一九八二年から二〇〇一年にかけて出版された「アラブ的理性批判」四部作『アラブ的理性の形成』『アラブ的理性の構造』『アラブ的政治的理性』『アラブ的倫理的理性』です。

ハサン・ハナフィーとジャービリーの名をあげたのは哲学の話をしている以上、現代アラブの代表的哲学者の名前ぐらいは知っておくべきだろうと思うからです。しかし、二人ともアラブの歴史と現在についての深い知識と理解がないと何が言いたいのかわからないタイプの哲学者ですので、一般の日本人の読者には理解不能でしょう。

おわりに

最後までお読みいただいた皆さんの中には、地球温暖化、SDGsなどの環境問題、人新世、人工知能、遺伝子操作、SOGI（Sexual Orientation and Gender Identity）といった問題、マルクス・ガブリエルの新実存主義、ドーキンスらの戦闘的無神論原理主義のような欧米の最新流行の思潮に触れていないことに、肩透かしを食らったような気がしている方もいるかもしれません。

実はそれには理由があります。一九世紀末に亡くなったニーチェは、来たる二〇世紀をニヒリズムの世紀と予言しました。高校時代にニーチェを読んで以来、ニヒリズムについて考え続けてきた私には、現代の欧米思潮はニーチェの予言したニヒリズムの入り口にすら立っておらず、彼らが語り続けるのはただニヒル（虚無）の深淵《しんえん》を直視することを恐れて、目を逸らすためにどうでもよい些末事《さまつじ》で気を紛らわしているに過ぎないとしか思えないからです。

森羅万象はすべて無意味に生じ無意味に消え去り、何を行ってもよく、行わなくてもよい。ただし、そこでいう「よい」とは「善悪」における対義語としての「よい」と「わるい」の「よい」ではありません。そもそも「善悪」というカテゴリー自体が「客観的」に存在しないからです。「行ってもよく、行わなくてもよい」の「よい」は、あえて言うなら「どうでもよい」の「よい」です。もちろん人が「善と思っている事物」も、「悪と思っている事物」も存在します。しかし「ある人が『善と思っている事物』が善である」わけでも、「ある人が『悪と思っている事物』が悪である」わけでもありません。

あなたが善と思っている「国家」も「国境」も「不換紙幣」も「税金」も「憲法」も、私にとっては「悪」です。なぜならそれらはすべて実在を装って、人間を支配する「虚偽」の「神」だからです。どちらが「正しい」か、を問題にしているのではありません。問題はあなたであれ、私であれ、誰であれ、人が善だと思ったこと、悪だと思ったことが、善、悪ではないということです。アリストテレス自然学との決別によって成立した近代西洋科学が、宇宙から目的因を追放したことは既に述べました。それ以来、数百年、西洋科学は、宇宙の中に善も悪も発見しませんでした。

進化心理学や進化倫理学は、人類が、人間が何を善とみなし何を悪とみなすか、道徳感情がいかに発達してきたかを研究します。しかし何を発見しようとも、その発見は善とも悪ともなんの関係もありません。進化は正しいものが生き残るわけではありません。ランダムな遺伝子の変化と環境への偶然の適応の結果でしかありません。恐竜が繁栄したのも、恐竜が「正しく」進化したからというわけではなく、隕石の衝突で滅びたからといって、恐竜の進化が間違っていたわけでもなく、ましてや悪かったわけでもありません。人類が現在繁栄しているとしても、それは人類が正しく進化したからではなく、また隕石が衝突して人類が滅びようとも、人類の進化が間違っていたからではなく、それに備えて一握りの選りすぐりのエリートを乗せて地球を脱出して人類を生き延びさせる宇宙船の開発に人類のすべてのリソースを割かなかったことが「悪かった」ということにもなりません。

科学的に、人類が生き残ることが正しくも良くもないことは、他の生物が滅びることが正しくも良くもないのと同じです。現在では一年間に四万種の生物が滅亡しており、今この瞬間にも何かの生物が地球から消えているわけですが、他を滅ぼして生き残った生物が正しいわけでも間違っているわけでもありません。宇宙では何億もの恒星を含む銀河の消滅が報告されています。地上の生物の絶滅はおろか地球の消滅でさえも取るに足らないエピソードでしかありません。

善も悪も、宇宙のスケールで考えれば空間的にも時間的にも無に等しい人間たちのただの主観的な思い込みに過ぎません。そんな人類の間の合意すらも存在しない個人の主観に過ぎない価値観を、多数派の主観であれ、権力者の主観であれ、あたかも普遍的な真理であるかのように他人に押し付けようと論じ立てるのは、それによってニヒルから目を逸らし、自分が永遠の普遍と繋がっていると錯覚することで安心感を得るためでしかありません。

どのような価値観も、生成消滅するただの個人のそれもまた消滅する主観、感情に過ぎません。どんな感動があろうとも、「永遠の今」とか美辞麗句で飾り立てようと、ただの脳内の化学反応の束の間の幻影に過ぎず、他の快感、苦痛、不快となんら変わりはありません。

主観的な価値観だけではありません。「客観的」科学的真理ですら、なんの価値もありません。エネルギーは質量かける光速度の二乗に等しいとのエネルギーの等価性を表す方程式「$E=mc^2$」であっても、「$E=mc^2$」自体は紙の上のインクの染みでしかありません。そもそも「$E=mc^2$」という方程式が誰かの脳内にあるのか、というとそんなものは脳を解剖して顕微鏡で探しても見つかりません。仮に脳内の電気信号がその方程式に対応している、ということが証明されたとしても、それは「正しい」のでしょうか？　脳がある電位状態にあるとして、それに対応して「$E=mc^2$」という方程式が頭に浮かぶとしましょう。しかし仮に計算を間違えて「$E=mc^3$」という方程式を導出したなら、それは「間違い」なのでしょうか？　「科学的」には「$E=mc^2$」であれ「$E=mc^3$」であれ、脳内現象として実際に生起したなら、それは生ずるべくして生じたのであり、真でも偽でも善でも悪でもありません。「1+1=2」でも「1+1=5」でも同じです。突然大地震が起きて日本列島が沈没しても、真夏に豪雪が降ろうとも、真でも偽でも善でも悪でもないのと同じです。主観的な善、悪が客観的に善でも悪でも真でも偽でもないだけではなく、「客観的」な真偽でさえも、善でも悪でもないばかりか、本当は客観的に真なわけでも偽なわけでもありません。だから現代哲学の諸潮流の議論はすべて、ただの主観的な好き嫌いをあたかも学問的な議論であるかのように言い合っているだけで、本当はなんの意味もないのです。哲学だけではありません。科学も同じです。科学的に正しい議論であれ誤った議論であれ、すべてなるべくしてなったものであり、正しくとも、誤っていようとも、良くも悪くもありません。

科学的に間違っていると、自分が空を飛べると思ってビルの屋上から飛び降りれば落ちて死ぬし、新型コロナウィルスにかかった時にウィルスを殺そうと濃硫酸をがぶ飲みすれば死ぬではないか、と言われるなら、そもそも死のうが生き延びようが、科学的には素粒子の離合集散があるだけで、生き延びるのが「正しい」わけでも滅びるのが「間違っている」わけでもありません。そこまで極端な話をしなくても、史上最高の天才と言われたフォン・ノイマンでも一九五七年に五三歳で亡くなっています。科学的に生きたから、長生きができる、というものではありません。

ニーチェが予言したニヒリズムの二世紀は、いよいよこれから佳境に入ります。近代哲学であれ、経済学であれ、医学であれ、科学であれ、現代のニヒリズムはただニヒルから目を逸らして、なるべく見ないですますために無意味な言説を紡ぎ続けているだけです。

もちろん、恐怖と未練と恨みの中で死のうが、火事で生きながらに焼かれ激痛のうちに死のうが、誰一人看取る者もなく孤独死しようが、すべてを諦めて無気力に死のうが、認知症で何もわからなくなって死のうが、麻薬を吸って多幸感の中で死のうが、無に帰す覚悟を決めて淡々と死のうが、悟りを開いて悠々と死のうが、愛する人々に囲まれて満足して死のうが、天国を信じて幸せに死のうが、すべて等しく正しくもなければ間違ってもいません。善でもなければ悪でもありません。すべて無意味な泡沫《ほうまつ》の夢に過ぎません。

ニヒルの闇の彼岸に希望があるのかどうかはわかりません。現代の宇宙論の一つに、真空とは何ものも存在しない虚無なのではなく、実はそこから有が不断に生まれてくる未知の何ものかの充溢《じゅういつ》の場なのではないか、との仮説があります。ニヒルもひょっとするとそんなものかもしれません。

いずれにしても、我々はニヒリズムの後半の一〇〇年を生きることになります。そしてもし希望があるとすれば、ニヒルから目を逸らすのではなく、ニヒルを直視することによってしか、真の希望は姿を現しません。

ニヒリズムのパンドラの箱の奥底に希望が本当に入っているのかどうかは、蓋を開けてみないとわかりません。ニヒリズムのすべての不幸と厄災が人間を苦しめ尽くした後にしか、希望は姿を見せてくれません。希望があるのかどうかはわかりません。しかしニヒリズムに耐えられず、ニヒルから目を逸らし続けているかぎり、決して真の希望に辿り着くことはありません。

イスラームの最初の教えは「ラー・イラーフ」、すなわち「崇拝すべきもの、価値があるものは存在しない」です。宇宙からすべての価値を剝ぎ取った近代西洋が露呈させたニヒルの闇を直視し、私たちが目にすることができるもの、目に見える世界のどこにも価値も意味も救いも存在しない、という冷徹な事実を認めた者にのみ、ニヒルの彼岸から「ただしアッラーは別である」との暗闇を切り裂く雷鳴のような絶対他者の声が耳に届きます。

私のXのポスト「あらゆる価値が失われる中でイスラームだけが最後の希望」(二〇二一年八月二〇日)、「イスラームは無神論の極北の彼方に仄《ほの》かに灯る人類に残された最後の希望です」(二〇二〇年四月二〇日)、「資本主義の爛熟《らんじゅく》による宗教消滅とともに人類は滅びの道を歩んでいるのであり、イスラームはその人類に残された一縷《いちる》の望み、最後の希望」(二〇一六年二月五日)とはそういう意味です。

読者諸賢に、本書がか細い希望の声を届けることができますように。

企画　矢内東紀
編集協力　佐野千恵美

河出新書　072

イスラームから見《み》た西洋《せいよう》哲学《てつがく》

二〇二四年一月二〇日　初版印刷
二〇二四年一月三〇日　初版発行

著　者　中田《なかた》考《こう》
発行者　小野寺優
発行所　株式会社河出書房新社
〒一五一－〇〇五一　東京都渋谷区千駄ヶ谷二－三二－二
電話　〇三－三四〇四－一二〇一［営業］／〇三－三四〇四－八六一一［編集］
https://www.kawade.co.jp/
マーク　tupera tupera
装　幀　木庭貴信（オクターヴ）
印刷・製本　中央精版印刷株式会社
Printed in Japan　ISBN978-4-309-63174-5
落丁本・乱丁本はお取り替えいたします。
本書のコピー、スキャン、デジタル化等の無断複製は著作権法上での例外を除き禁じられています。本書を代行業者等の第三者に依頼してスキャンやデジタル化することは、いかなる場合も著作権法違反となります。

アメリカ
橋爪大三郎　大澤真幸
日本人はアメリカの何たるかをまるで理解していない。二大知性の刺激的な対話によって、アメリカ理解の核心がいま明らかとなる。
001

イスラム２・０
ＳＮＳが変えた１４００年の宗教観
飯山陽
イスラム法学者よりもＧｏｏｇｌｅ先生！　ネット、ＳＮＳは１４００年の宗教観、法解釈を根底から変えた。新時代のイスラム思想とは？
013

旧約聖書がわかる本
〈対話〉でひもとくその世界
並木浩一　奥泉光
旧約聖書とはどんな書物なのだろうか。小説のように自由で、思想書のように挑発的なその本質をつかみ出す〈対話〉による入門。
055

一神教全史　上
ユダヤ教・キリスト教・イスラム教の起源と興亡
大田俊寛
古代ユダヤ社会での一神教発生から、キリスト教の展開、ローマ帝国の興亡、イスラム教の形成、十字軍までを描く宗教思想史講義・上巻。
061

一神教全史　下
中世社会の終焉と近代国家の誕生
大田俊寛
スコラ学から、宗教改革、近代国家形成、アメリカ合衆国成立、ナチズムの世界観、イスラム主義の興隆までを描く宗教思想史講義・下巻。
062

河出新書